Albrecht Philipp

August der Starke und die pragmatische Sanktion

Die Zeit des ersten Wiener Friedens

Albrecht Philipp

August der Starke und die pragmatische Sanktion

Die Zeit des ersten Wiener Friedens

ISBN/EAN: 9783864032646
Erscheinungsjahr: 2011
Erscheinungsort: Bremen, Deutschland

© Outlook Verlagsgesellschaft mbH, Fahrenheitstr. 1, 28359 Bremen. Alle Rechte beim Verlag und bei den jeweiligen Lizenzgebern.

www.eh-verlag.de | office@eh-verlag.de

Bei diesem Titel handelt es sich um den Nachdruck eines historischen, lange vergriffenen Buches. Da elektronische Druckvorlagen für diese Titel nicht existieren, musste auf alte Vorlagen zurückgegriffen werden. Hieraus zwangsläufig resultierende Qualitätsverluste bitten wir zu entschuldigen.

Albrecht Philipp

August der Starke und die pragmatische Sanktion

Die Zeit des ersten Wiener Friedens

August der Starke und die pragmatische Sanktion.

Die Zeit des ersten Wiener Friedens (1719—1727).

Inaugural-Dissertation
der hohen philosophischen Fakultät der Universität Leipzig
zur Erlangung der philosophischen Doktorwürde

vorgelegt von

Albrecht Philipp
aus Kleinwolmsdorf.

Leipzig.
Quelle & Meyer.
1907.

Vorwort.

Einer Anregung des Herrn Regierungsrat Dr. Lippert folgend, beabsichtigte der Verfasser dieser Arbeit, das Verhalten der kursächsischen Politik zur pragmatischen Sanktion genauer zu untersuchen. Er wollte die Entstehungsgeschichte der österreichisch-sächsischen Bündnisse von 1733 und 1740 auf Grund archivalischer Studien darzustellen versuchen. Bald nach dem Beginn der Materialsammlung stellte sich aber heraus, daß eine befriedigende Lösung des gestellten Themas unmöglich war ohne ein Zurückgreifen auf die sächsische Politik in der Zeit Augusts des Starken. Der Verfasser mußte bis ins Jahr 1719, bis zur Heirat des sächsischen Kurprinzen mit Maria Josepha, der ältesten Tochter Kaiser Josephs I., zurückgehen, um einen festen Ausgangspunkt für seine Untersuchung zu gewinnen. Währenddem häufte sich das Material immer mehr, so daß der Verfasser, um die gesammelten Stoffmassen genügend verarbeiten zu können, sich genötigt sah, sein Thema einzuschränken. Er entschloß sich daher, zunächst nur die Vorgeschichte des Bündnisses von 1733 zu behandeln, um dann vielleicht später auf der gewonnenen Grundlage weiterzuarbeiten. Diese endet mit dem ablehnenden Verhalten Augusts des Starken gegen die Reichsgarantie der pragmatischen Sanktion im Winter 1731/1732 und dem sich daraus ergebenden Abbruch der Beziehungen zwischen den Höfen von Wien und Dresden. Bis zu diesem Punkte ist die Entwickelung geführt; der Verfasser war bemüht, sie aus dem Rahmen der augusteischen Gesamtpolitik zu verstehen.

Vorliegende Dissertation bricht bereits mit dem Jahre 1727 ab; sie bildet dennoch ein abgeschlossenes Ganzes, da in ihrem Mittelpunkt die Stellung der sächsischen Politik zum ersten Wiener Frieden 1725 steht. Die gesamte Darstellung erscheint gleichzeitig in den 'Leipziger historischen Abhandlungen'.

Inhaltsverzeichnis.

                                                                Seite

Literatur und Quellen VIII

Einleitung und Grundlagen 1
Die Großmachtsbestrebungen der deutschen Territorialfürsten nach dem westfälischen Frieden 1. — August der Starke 2. — Seine Politik 3. — Mißverhältnis von Wollen und Können 5. — Die augusteischen Großmachtspläne 7. — Expansionsbestrebungen in Polen. Pläne einer Teilung Polens. Versuche eines territorialen Zusammenschlusses von Sachsen und Polen 8. — Bemühungen zur Begründung eines geschlossenen ostdeutschen Binnenstaates. Verhalten zu Österreich 10. — Die Verheiratung des sächsischen Kurprinzen mit Maria Josepha, der ältesten Tochter Kaiser Josephs 11. — Die Renunziationen und die Ansprüche des Kurhauses Sachsen auf das österreichische Erbe 13. — Die Entwickelungsstufen im Verhalten der augusteischen Politik zur pragmatischen Sanktion 14.

Kap. 1. **Das Verhalten der augusteischen Politik zur pragmatischen Sanktion bis zum ersten Wiener Frieden (1719—1725) [Die Zeit der Vorbereitung]** 15

§ 1. Die Rechtsfrage 15
Das Paktum 'mutuae successionis' von 1703 und dessen doppelte Interpretation 15. — Ansprüche des Hauses Wettin aus dem Mittelalter auf die von Carl VI. besessenen Länder 18.

§ 2. Die ständischen Garantien der pragmatischen Sanktion und die Vermählung der zweiten josephinischen Tochter mit dem bayerischen Kurprinzen 19
Zechs Bemühungen in Wien 19. — Terras Sendung 20. — Die Verheiratung Maria Amalias 22. — Das sächsische Heiratsprojekt 23. — Die Sendung Maria Josephas nach Prag 24. — Beziehungen zu Bayern und Wackerbart-Salmours Gesandtschaft in München 26.

Kap. 2. **Die augusteische Politik in der Zeit nach dem ersten Wiener Frieden (1725—1727) [Die Zeit des Abwartens]**. 28

§ 3. Die unmittelbaren Wirkungen des ersten Wiener Friedens und der Herrenhausener Allianz auf die augusteische Politik 28
Gegensatz zwischen Sachsen und Preußen 29. — Augusts Stellung zu den Mächten und Versuche des Kaisers, ihn zum Beitritt zum Wiener Frieden zu bewegen 31. — Die sächsischen Forderungen und deren Zurückweisung 32. — Verstimmung des sächsischen Hofes gegen den Kaiser 34.

Inhaltsverzeichnis. V

Seite

Beziehungen zu Bayern. Wackerbart-Salmour in München 35. — Max Emanuels Großmachtspläne 37. — Die Herrenhausener Allianz und erneutes Entgegenkommen des Kaisers 38. — Ablehnendes Verhalten Augusts. Sachsen und Bayern 41.

§ 4. Die Haltung der augusteischen Politik zu den europäischen Parteien. Neutralität und Vermittelungspläne.................... 42

Flemmings Denkschrift vom 26. Oktober 1725 42. — Programm für die augusteische Politik (Nov. 1725) 44. — Schwankende Haltung Bayerns 46. — Fleurys Sendung nach Wien 48. — Die Mächte und Augusts Vermittlungsversuche 50. — Modifizierung des politischen Programms vom Nov. 1725 (April 1726) 51. — Umschwung in der bayerischen Politik 52.

§ 5. Die Verhandlungen über einen Vertrag Augusts des Starken mit dem Kaiser 54

Geneigtheit der sächsischen Politik zu einem Sondervertrag mit dem Kaiser 55. — Fleurys Vorschläge 56. — Die kaiserliche Antwort 59. — Augusts Verhalten 60. — Anwachsen der kaiserlichen Partei 63. — Isolierung Sachsen-Polens 64. —Versuche Englands und Frankreichs, August zu gewinnen 65. — Verhandlungen Flemmings mit Seckendorff im Juli 1727 67.

Literatur und Quellen.

Vorliegende Arbeit beruht fast ausschließlich auf bisher noch ungedruckten Archivalien aus dem K. S. Hauptstaatsarchive zu Dresden. Die Hauptschwierigkeit bestand in der Sichtung des zwar überaus reichlichen, doch weit verstreuten und sehr verschiedenwertigen Materials. Verfasser hat viele Aktenbündel durchgesehen, ohne wesentlich neues Material zu finden.[1]) Ferner mußte er öfters, wo die Quellen reichlicher Stoff spendeten, auf manches interessante Detail verzichten, um die Darstellung nicht allzu sehr zu belasten. Am inhaltreichsten erwiesen sich die zahlreichen, meist in mehreren Abschriften vorhandenen Protokolle über die Beratungen des augusteischen Kabinetts, die Gutachten der sächsischen Minister, sowie die Instruktionen und Berichte der sächsischen Gesandten an den fremden Höfen.

In den gedruckten Werken fanden sich über die speziell sächsische Politik nur sehr wenig Nachrichten. Besonders empfindlich erwies sich das Fehlen eingehenderer Untersuchungen über die inneren Zustände und die führenden Persönlichkeiten Kursachsens im augusteischen Zeitalter. Darunter mußten bisweilen die Zusammenhänge leiden. Manche Frage blieb offen oder ihre Beantwortung konnte nur angedeutet werden.

Bedeutend mehr konnte der Verfasser aus der Literatur entnehmen über die allgemeine Politik und die Beziehungen der auswärtigen Mächte zu Sachsen. Die Werke von Arneth, Droysen, Heigel und Rosenlehner,[2]) boten manche Aufschlüsse. Erst, wo sie versagten, wurden gelegentlich einige Aktenstücke aus den Archiven zu Wien und München herangezogen. Besonders zu statten kam dem Verfasser, daß sich zufällig im Dresdener Hauptstaatsarchive die Depeschenkonzepte des bayerischen Gesandten am sächsischen Hofe, Grafen von Perousa, vorfanden.[3]) Da Perousa durch ein ausgedehntes Spionagesystem sehr genau über alle Vorgänge am sächsischen Hofe unterrichtet war, bildeten seine Depeschenkonzepte eine reiche Quelle auch für die intimeren Vorgänge am augusteischen Hofe.

Im Folgenden werden Bücher und Akten, soweit sie eingehender benutzt wurden, in systematischer Anordnung aufgeführt, so daß zuerst die speziell auf die pragmatische Sanktion bezüglichen Werke und Archivalien genannt werden, dann die über die Beziehungen Sachsens zu Österreich, Preußen, Bayern und Frankreich:

---

1) Vom Verfasser benutzte, aber nicht unmittelbar in dieser Arbeit verwertete Archivalien sind in dem folgenden Verzeichnis der benutzten Akten nicht mit aufgeführt.
2) S. Verzeichnis der benutzten Bücher.
3) S. Verzeichnis der benutzten Akten.

Verzeichnis der benutzten Bücher.

M. Immich, Geschichte des europäischen Staatensystems von 1660—1789. München und Berlin 1905. (Handbuch der mittelalterlichen und neueren Geschichte herausgegeben von G. v. Below und F. Meinecke. Abt. II.)

A. Boyé, Stanislas Leszczynski et le troisième traité de Vienne. Paris 1898.

A. Wolf, Die Geschichte der pragmatischen Sanktion bis 1740. Wien 1850.

A. Fournier, Zur Entstehungsgeschichte der pragmatischen Sanktion. 1877. (Hist. Zeitschr. 38. N. F. 2.)

H. v. Zwiedineck-Südenhorst, Die Anerkennung der pragmatischen Sanktion Karls VI. durch das deutsche Reich. 1895. (Mitt. d. Inst. f. österr. Geschichtsforsch. XVI.)

L. Bittner, Chronologisches Verzeichnis der österreichischen Staatsverträge. I Die österreichischen Staatsverträge von 1526—1763. Wien 1903. (Veröffentlichungen der Kommission für neuere Geschichte Österreichs.)

A. v. Arneth, Prinz Eugen. III. Wien 1864².

J. G. Droysen, Geschichte der preußischen Politik. 4, 2, 4, 3 und 4, 4. Leipzig 1869 und 1870.

P. Haake, La Société des antisobres. 1900. (Neues Archiv f. Sächs. Geschichte. 21.)

K. Th. v. Heigel, Quellen und Abhandlungen zur neueren Geschichte Bayerns. München 1884 und N. F. 1890.

A. Rosenlehner, Kurfürst Karl Philipp von der Pfalz und die jülichsche Frage 1725—1729. München 1906.

A. Rosenlehner, München und Wien 1525—1526. München 1906. (Forschungen zur Geschichte Bayerns. XIV. 1.—3. Heft.)

Verzeichnis der benutzten Akten.

A) K. S. Hauptstaatsarchiv zu Dresden.

H. St. A. 2866. Varia scripta, quae Austriacae domus successionem et foedera cum ipsa concernunt. 1703. 1743.
„ 2872. Ihr. Röm. Kaiserl. Maj. Karls des VI. etablierte Oesterreichische Successions-Ordnung und deren Publication in denen Erbländern betr. ao. 1711—1730.
„ 357. Acta. Ihr. Hoh. des königl. Prinzens Friedrich August Vermählung mit der ältesten kayserl. josephinischen Prinzeßin Marien Josephen kgl. Hoheit betr. 1719. Vol. V^a V^b.
„ 760. Abschriften von denen Ehe Pacten Ihrer Hoheit des Kgl. Printzens Herrn Friedrich Augusts mit der Röm. Kayserl. Prinzessin Frauen Maria Josepha, Erzherzogin zu Oesterreich Durchl. nebst andern dazu gehörigen Documenten. ao. 1719.
„ 3330. Akten der Gesandtschaft zu Wien. I. Kaiserl. Maj. Successionsordnung betr. 1720. 1721.
„ 3303. Beratschlagungen in Beziehung auf die künftige österreichische Erbfolge, insonderheit die Verträge von Wien und Hannover, und die daraus hervorgehende Gestaltung der europäischen Angelegenheiten ingleichen die Sicherung der Thronfolge in Polen für den Kronprinzen betr. 1725—1727.
„ 3295. Relations du Cte Wackerbart sur les mesures à prendre en cas que l'Emp. Charles VI. vînt à mourir sans enfants mâles. 1728.
„ 3350. Aufsätze, die europäischen Angelegenheiten, insonderheit die pragmatische Sanction Kaiser Karls VI. betr. 1730. 1731.
„ 3381. Papiere des Feldmarschalls Grafens von Wackerbarth, die Garantie der Sanction pragmatique betr. 1731.
„ 2871.[1]) Acta die Garantie der pragmatischen Sanktion über die österreichische Erbfolge betr. 1731. (Gar.)
„ 30221. Garantie der Oesterreichischen Erbfolge v. J. 1731 und 1732. Regensb. Arch.
„ 2872. Acta die Guarantie der Succession des Erzhauses Oesterreich betr. ao. 1731—1750. Vol. I—V.
„ 2097. Eigenhändige Bemerkungen König Augusts II. von Polen zur pragmatischen Sanktion.
„ 3304. Verhältnisse und Verhandlungen mit Oesterreich und zusammenhängende Interessen betr. 1725—1728.

---

1) Bei gleichem Locat wird die hinter dem Aktentitel angeführte Abkürzung mit zitiert.

H. St. A. 2902. Die dem Kab. Minister Marquis de Fleury bei seiner Verschickung an den kaiserlichen Hof ertheilte Original Instruktionen. 1725—1727. (Inst.).
„ 2902. Des Kab. Ministers Marquis de Fleury Abschickung und Negociation am kaiserl. Hofe betr. 1725—1728. Vol. I. II. (Rel.)
„ 3295. Reflections du FeldMarechal Flemming sur la negociation du Marquis de Fleury à Vienne. 1727.
„ 2902. Die von dem Gener. Feldmarschall Grafen von Flemming bei seinem letzten Aufenthalt zu Wien 1728 über eine nähere Zusammensetzung beider Höfe, mit dem Kaiserl. gepflogenen und nach dessen Absterben durch den Grafen von Wackerbart-Salmour fortgesetzte Handlung und Unterredung betr. 1728—1730. Vol. I—V. (Flemm.)
„ 3424. Correspondenz des Feldmarschalls Grafen von Flemming zu Wien mit dem Grafen von Manteuffel. 1728.
„ 3420. Acten des Grafen von Wackerbart bei seiner Gesandtschaft zu Wien. 1728. Vol. I—III.
„ 3419. Bemerkungen des Grafen von Wackerbart über seine Verhandlungen zu Wien und zu seiner Instruktion ihm übergebene Papiere des Grafen von Flemming. 1728. 1729.
„ 3331. Negociations de Vienne. Lettres du Cte de Wackerbart au Comte de Manteuffel, dont il a fait rapport au Roi et celles que ce Ministre a écrites de sa part et par ordre de S. Mté. 1728. 1729. 1730. (Lettres.)
„ 3331. Negociations de Vienne. Relations du Cte de Wackerbarth au Roi 1729. Vol. I. II. (Rel.)
„ 2871. Des Grafen von Seckendorf Antrag, Negociation und Abfertigung, die zwischen dem Kaiser und Ihr. Kön. Mt. ratione Kur-Sachsen 1728 und 1729 vorgewesene Allianz betr. (Seck.)
„ 3145. Die von kaiserl. Seite I. K. M. und dero Unterthanen zugezogene Beschwerden, ingl. I. K. M. an den kais. Hof habende Ansprüche betr. 1730—31.
„ 2903. Die dem Kabin. Minister von Lagnasc bei seiner Abschickung an den Kaiserlichen Hof ertheilte Instructiones und Ordres. 1730—1732. (Inst.)
„ 2903. Die Differentien mit dem Kaiserl. Hofe und Abschickung des Kabinetsministers Grafens von Lagnasco an denselben betr. 1730—1732. Vol. I, II, III. (Diff.)
„ 2903. Correspondenz des Kabinetsministers Grafens Lagnasco bei dem am Kaiserl. Hofe auf sich gehabten negotio. 1731. (Corr.)
„ 2969. Negociation des Preuß. Gener. Leutn. von Grumbkow zu Dresden. 1729.
„ 14635. Kgl. Preuß. Propositiones an Sr. Königl. Majestät von Pohlen wegen der gegenwärtigen Konjunkturen. Dresden, 24. Febr. 1730. Ebenda die sächs. Antwort. d.d. Dreßden, 25. Febr. 1730.
„ 3425. Instruktion und andere Papiere des Grafen von Wackerbart als Gesandten zu München. 1723. 25. (Inst.)
„ 3426. Relations et ordres 1724, 25. 26. 27. Comte de Wackerbart à Munic. Nr. 1. 2. 4. 5. Vol. 3 trägt die folg. Aufschrifft:
„ 3425. Akten des Grafen von Wackerbart als Gesandter zu München 1726. (Akten.)
„ 2629. 1aa Depeschen des kurbairischen Gesandten Grafen von

Verzeichnis der benutzten Akten.

     Perousa an seinen Hof während seiner Mission in Dresden.
     1731. (umfaßt auch Konzepte a. d. J. 1732.)
  14668. Bündnis zwischen dem König in Polen als Churfürsten
     zu Sachsen und dem Churfürsten zu Bayern. Dresden,
     4. Juli 1732.
H. St. A. 648. Recueil des instructions et ordres de la cour au Cte de
     Hoym à la cour de France. 1720—1729. Vol. I^a II^a III.
     Dieselbe Aufschrift trägt:
„   647. Vol. I^b u. II^b.
„   2733. Des geh. Kriegsraths Le Cocq Negociation am Königl.
     Französischen Hofe. 1728. 1729.
„   2881. Negotiations avec l'ambassadeur de France Marquis de
     Monti concernant les mesures à prendre après la mort
     de l'Empereur Charles VI au sujet de la succession et
     des prétensions de la maison de Saxe ainsi que de
     l'election d'un Roi des Romains. 1729, 1730—1732.

B) **K. u. k. Haus- Hof- und Staatsarchiv zu Wien.** (W. A.)

  Diplomatische Correspondenz: Polen; darin befindlich:
  1. Weisungen an die kaiserlichen Gesandten und Residenten.
Grf. Wratislaw, Waldstein und Welczek aus den Jahren 1725—1733.
  2. Die Hauptinstruktionen für dieselben anläßlich ihrer Ernennung
zu Gesandten.

C) **K. Bayr. Geh. Staatsarchiv zu München.** (M. A.)

  Abordnung des Grafen Perousa 1731. (Schwarz. 36/15.)

Einleitung und Grundlagen.[1])

Der westfälische Friede hatte die deutschen Territorien als unabhängige Staaten innerhalb des deutschen Reichsverbandes anerkannt und ihnen das Recht zugestanden, selbständige äußere Politik zu treiben. Damit war eine lange Entwickelung früherer Jahrhunderte zum Abschluß gelangt und zugleich der Anfangspunkt für eine neue Epoche in der Geschichte der deutschen Territorien gewonnen.

Die deutschen Fürsten hatten sich nunmehr endgültig von der Reichsgewalt emanzipiert; doch sie waren nicht gewillt, in dem 1648 kodifizierten Zustande zu verharren. Es war natürlich, daß sich nach der Lockerung der Bande, die sie noch ans Reich geknüpft hatten, ihr Streben darauf richtete, ihre Territorien zu souveränen europäischen Staaten zu erheben und sich ebenbürtig neben die übrigen Herrscher Europas zu stellen.

Für diese Bestrebungen kamen die kleineren deutschen Fürsten wegen ihrer allzu geringen Machtmittel nur wenig in Frage, um so mehr aber die mächtigeren Territorialherren, unter ihnen vor allem die weltlichen Kurfürsten.

Diese verfolgten ihr Ziel je nach den individuellen Fähigkeiten und Neigungen und je nach der Lage und den Bedürfnissen ihrer Territorien auf den verschiedensten Wegen mit verschiedener Tatkraft.

---

1) Dieser Teil der Darstellung beruht einerseits auf den bei des Verfassers Archivstudien gewonnenen Ergebnissen und Erfahrungen, andrerseits auf einer Zusammenfassung zahlreicher Einzeluntersuchungen unter Berücksichtigung der neuesten Literatur, auf die nötigenfalls verwiesen wird. Es kamen hierbei insbesondere in Betracht die Arbeiten von P. Haake und Joh. Ziekursch. Außerdem wurden noch, ohne daß dies besonders vermerkt wird, die allgemeineren Werke, welche die deutsche und sächsische Geschichte jener Zeit behandeln, herangezogen. Im Gegensatze zu Ziekursch und Haake, die nach der Meinung des Verfassers manchmal etwas zu sehr die territorialen beziehentlich dynastischen und persönlichen Faktoren in ihren Bewertungen der augusteischen Politik hervorheben, glaube ich betonen zu müssen, daß, — wenn sich überhaupt die Charakterisierung der Politik eines Herrschers auf ein Schlagwort reduzieren läßt —, dieses in unserem Falle in erster Linie das Streben Augusts nach Machterwerb und Machtentfaltung zum Ausdruck bringen muß.

Das Streben der deutschen Fürsten nach Machtentfaltung äußerte sich damals vornehmlich in dreifacher Richtung; es zeigte sich erstens: in den Versuchen, den Absolutismus in ihren Territorien völlig durchzuführen, zweitens: in dem Streben, eine Vormachtstellung in Deutschland zu erringen, und schließlich drittens: in dem Bemühen, außerdeutsche Kronen und Länder zu erwerben.

Auf allen drei Wegen waren mannigfaltige retardierende Momente vorhanden, die bisweilen überwunden wurden, öfter jedoch sich allzustark erwiesen, und das Ziel, das viele erstrebten, den meisten in eine unerreichbare Ferne entrückten. Den Großmachtsmachtsplänen der deutschen Fürsten traten hemmend entgegen: erstens in ihren Territorien die ständische Opposition, zweitens im Reiche die gegenseitige Rivalität und endlich drittens in Europa das Konzert der Mächte mit seinem Bestreben, das europäische Gleichgewicht nicht durch das Aufkommen neuer Großmächte zu erschüttern.

Diese Gesichtspunkte müssen wir auch berücksichtigen, um zu einem Verständnis der Politik Augusts des Starken gelangen zu können.

Doch obwohl deren Grundrichtungen durch den Zug der Zeit gegeben waren, dürfen wir gerade hier die Rolle der Persönlichkeit des Herrschers nicht außer Acht lassen. Wie mancher andere deutsche Territorialfürst wollte auch August der Starke eine europäische Großmacht begründen, er betrat auch dabei im allgemeinen keine besonderen Wege. Originell ist aber die Art und Weise, wie er diese verfolgte.

Dadurch erhielt die kursächsische Politik vom Beginn seiner Regierung an ein stark persönliches Gepräge. Überall spüren wir den Hauch der Persönlichkeit Augusts des Starken mit allen ihren Vorzügen und Schwächen. Wir müssen daher diese kurz ins Auge fassen,[1]) um dann die augusteische Politik um so besser verstehen zu können.

August der Starke kann seiner Anschauung und Lebensführung nach als Typus eines Fürsten der Spätrenaissance gelten. Maßlose Genußsucht und unbeschränkte Begierde nach Betätigung, sowie eine gewisse natürliche Liebenswürdigkeit und leichte Lebensauffassung verbanden sich in ihm mit einer beinahe naiven Freude an höfischem Zeremoniell und äußerem Prunk und Glanz. Vielseitig begabt, besaß er zu viele Interessen, um auf irgend einem Gebiete etwas Gründliches zu leisten. Seine ungemein rasche Aufnahmefähigkeit ließ ihn schnell die Situationen erfassen und ihnen entsprechend, seine Pläne umgestalten. Mit jugendlichem Ungestüm nahm er jede Anregung auf und konstruierte, auf ihr fußend, oft

---

[1]) Näheres bei P. Haake, König August der Starke, eine Charakterstudie. München und Berlin 1902.

die phantastischsten Pläne; doch meist versagten seine Kräfte, um stetig weiterzuführen, was er in einem günstigen Momente begonnen hatte. Völlig fremd war ihm jedes sittliche und religiöse Empfinden. Nur schwach ausgebildet fand sich in ihm der Gedanke der persönlichen Regentenpflichten und der Verantwortlichkeit des Monarchen vor Gott, jene patriarchalische Auffassung vom Herrscherberufe, die uns bei den Hohenzollern vom Großen Kurfürsten ab begegnet.[1])

Hierin lag wohl einer der schwerwiegendsten Punkte, in denen sich August der Starke von seinem großen Zeitgenossen auf dem preußischen Königsthrone unterschied, und der mitbestimmend wurde für die verschiedene Entwickelung Sachsens und Preußens im 18. Jahrhundert. Dem zielbewußten, arbeitsamen Friedrich Wilhelm stand der entschieden begabtere, aber zwiespältige und zerfahrene sächsische Kurfürstenkönig gegenüber. Sachsen blieb hinter Preußen zurück, wenn auch hauptsächlich wegen der unglücklichen Verflechtung in die polnischen Dinge, zum guten Teile auch deswegen, weil August der Starke keine feste geschlossene Persönlichkeit war, sondern nur ein vielseitig veranlagter Kraftmensch, der uns zwar bisweilen zu imponieren vermag, dem aber die Einheit des Charakters fehlt, um wahrhaft groß zu erscheinen.

Die Eigenschaften Augusts des Starken spiegelten sich zum großen Teile in seiner Politik wider. Diese zeigte wohl Verständnis für die internationale Lage wie für die Bedürfnisse Sachsens und Polens und wußte auf deren Erkenntnis auch ein großzügiges politisches Programm zu entwerfen; wenn es sich aber darum handelte, das Geplante konsequent auszuführen, versagte sie allzuoft. Klar waren die Grundgedanken und Ziele der augusteischen Politik; sie wurden aber selten mit dem nötigen Nachdrucke vertreten, weil August nicht genügend Energie besaß, um dauernd einen bestimmten Plan zu verfolgen.

Fragen wir nun nach dem Grundmotiv der Politik Augusts des Starken, so müssen wir sagen: dieses war das gleiche wie in Preußen und lag in dem Charakter des Absolutismus und der Staatspraxis des 18. Jahrhunderts begründet. Es bestand in dem Streben nach Machtentfaltung. In den Dienst dieser Idee traten alle anderen Bestrebungen. In merkantilistischem Sinne wollte August der Starke wohl die materiellen Interessen seiner Untertanen fördern, aber nicht um derentwillen, sondern um die Kräfte des Staates zu steigern. Für die Kirchenpolitik sowie die Stellung zu Kunst und Wissenschaft war die Begierde nach Erweiterung der Macht und Erhöhung des Glanzes des Herrschers maßgebend. Alle Staatsmacht sollte konzentriert werden in der Person des Herrschers.

---

[1]) Vergl. bes. die politischen Testamente des Großen Kurfürsten und Friedrich Wilhelms I. (Ranke, Werke. Bd. 26. S. 499 ff. u. Acta Borussica, Behördenorganisation, Bd. 3. S. 441 ff.) mit dem Augusts des Starken (im Auszug von Haake gedruckt Hist. Ztschr. 87. N. F. 51. 1901. S. 1 ff.).

Er, der absolute Monarch, wollte völlig im Mittelpunkte alles staatlichen Lebens stehen und die Kräfte aller seiner Länder straff in seiner Hand zusammenfassen. Von ihm sollten die Direktiven für alle Zweige der Regierung erfolgen. Sein Kabinett sollte das Zentrum aller Äußerungen der Staatsmacht werden und, allein abhängig vom Herrscher, über die Köpfe der geheimen Räte hinweg, vor allem die äußere Politik unbehindert treiben. So gedachte August der Starke durch äußerste Zentralisation und Konzentration alle Kräfte seiner Länder in der Hand des Monarchen und von ihm unmittelbar abhängiger Organe zu vereinigen, um jederzeit über sie frei verfügen zu können.[1])

Mit diesen Bestrebungen mußte er aber in Konflikt mit den ständischen und feudal-aristokratischen Elementen seiner Territorien geraten, die in einer allzu großen Steigerung der monarchischen Gewalt ihre herrschende Stellung gefährdet sahen.

Es ergab sich aus den Grundanschauungen Augusts des Starken von der Herrschergewalt in Sachsen ein Kampf mit den ständischen Faktoren[2]), in Polen mit der Aristokratie. Dieser wirkte hemmend auf die äußere Politik. Da diese aber im Mittelpunkt der augusteischen Gesamtpolitik stand, war der wettinische Kurfürstenkönig allzusehr in Sachsen auf die Bewilligungen der Stände, in Polen auf den Beistand des Adels angewiesen. Kostspielige Kriege und die auswärtigen Verhältnisse verhinderten ihn, seine absolutistischen Pläne auszuführen. Was Friedrich Wilhelm wirklich durchführte, das plante auch August der Starke; doch er konnte sein innerpolitisches Programm nicht konsequent verfolgen, weil er nie genügend Zeit und Kraft dazu fand.

Theoretisch von zeitgemäßen Anschauungen über die Staatsgewalt ausgehend, konnte er seine absolutistischen Ziele nicht erreichen, weil seine äußere Politik, deren Richtung wesentlich durch die Verbindung Sachsens mit Polen bestimmt wurde, und die internationalen Verhältnisse die Durchführung seiner innerpolitischen Pläne unmöglich machten.

Die äußere Politik war schließlich der ausschlaggebende Faktor während der ganzen Regierung Augusts des Starken und daher von hervorragender Bedeutung für die augusteische Gesamtpolitik. Ihr Grundcharakter war außer durch die allgemeinen Anschauungen des 18. Jahrhunderts durch die Person des Herrschers gegeben.

August der Starke gab, obwohl an alte Traditionen anknüpfend und im Einklang mit der zeitgenössischen Staatspraxis, doch der äußeren sächsischen Politik ein wesentlich neues Gepräge.

---

1) Vergl. Haake, H. Z. 87.
2) Näheres bei G. Wagner, Die Beziehungen Augusts des Starken zu seinen Ständen während der ersten Jahre seiner Regierung (1694—1700). Leipzig o. J. Leider fehlen noch ähnliche Arbeiten für die hier vor allem in Betracht kommenden späteren Regierungsjahre Augusts des Starken.

Mit ihm setzt daher in der Geschichte der kursächsischen Politik eine neue Periode ein. Hatten die sächsischen Kurfürsten seit dem Tode von Moritz verhältnismäßig wenig Anteil an den allgemeinen europäischen Fragen genommen, so begann August der Starke wieder ein besonderes Interesse für die internationalen Verhältnisse zu zeigen.

Seiner impulsiven Natur war es zuwider, lediglich die bescheidene Rolle eines Kurfürsten von Sachsen zu spielen. Er war nicht geschaffen, um passiv den europäischen Verwickelungen zuzuschauen. Sein Tatendrang konnte nicht innerhalb der Schranken des Reichsverbandes seine Befriedigung finden. Er wollte höher hinaus. Er sehnte sich danach, glanzvoll als ein Herrscher von europäischer Bedeutung dazustehen.

Wenn wir nun bedenken, daß er am Beginn seiner Regierung über ein Land von etwa 700 Quadratmeilen mit vielleicht $1^1/_2$ Millionen Einwohnern herrschte, mußte ihm bewußt werden, daß er auf diesen Grundlagen keine europäische Politik treiben konnte. Um wirksam in die internationalen Verhältnisse eingreifen zu können, waren die Kräfte Kursachsens allein zu schwach.

Dies erkannte August der Starke wohl. Er war daher während seiner ganzen Regierung eifrig bemüht, die für eine große Politik nötigen Kräfte anderweitig zu beschaffen.

Gleich zu Beginn seiner Regierung hatte er mit diesen Bestrebungen insofern einigen Erfolg, als es ihm gelang, die Krone der polnischen Republik zu erwerben. Damit war der erste Schritt getan zur Erhöhung des Kurhauses Wettin. Dieser Erfolg war in erster Linie der persönlichen Initiative Augusts des Starken zuzuschreiben.[1]

An wirklicher Macht brachte allerdings das polnische Königtum nicht viel. Auch als König von Polen blieb der sächsische Kurfürst im wesentlichen auf die bescheidenen Kräfte seiner Erbländer angewiesen; Polen gewährte ihm wohl den äußeren Glanz eines Königs, aber keineswegs die Mittel für eine große europäische Politik.

Es fehlten August dem Starken sowohl in Sachsen wie in Polen die für eine Politik größeren Stiles nötigen Grundlagen.

Trotz der Erkenntnis der eigenen Schwäche fühlte er sich aber dennoch als europäischer Machtfaktor. Nach allen Seiten unterhielt er diplomatische Beziehungen; bald trat er hier, bald da mit verwegenen Projekten auf, doch nicht im Bewußtsein der eigenen Kräfte, sondern in der Hoffnung, durch die Gunst der internationalen Lage emporgetragen zu werden.

Mit Hilfe und auf Kosten anderer wollte August der Starke hochkommen. Weniger eigene Kräfte als vielmehr glückliche Zu-

---

[1] Vergl. Haake, Histor. Vierteljahrsschrift. VIII. 1906. S. 31 ff.

fälle und diplomatische Winkelzüge sollten ihm den für eine große Politik nötigen Machtzuwachs bringen.

So kam es, daß die augusteische Politik, maßlos in ihren Ansprüchen und Forderungen, nach allen Seiten begehrlich ihre Blicke richtete. Die Vielheit ihrer Wünsche erschwerte die Durchführung auch nur eines derselben. Verworren laufen die Fäden der damaligen sächsischen Politik durcheinander, so daß es schwer ist, gewisse Richtlinien festzustellen. Wir stehen vor einem Chaos von Plänen, die einander überstürzen, bisweilen verschwinden, dann in veränderter Gestalt wieder auftauchen. Viele der augusteischen Projekte waren von keinem Erfolg begleitet, weil die hinter ihnen stehenden Kräfte nicht stark genug waren, um das, was die sächsische Politik erstrebte, durchzusetzen.

Es bestand in der Politik Augusts des Starken ein verhängnisvoller Widerspruch zwischen Wollen und Können; dieser ließ oft die Früchte jahrelanger Bemühungen in den Schoß anderer fallen, die über größere Machtmittel verfügten. Das Mißverhältnis von Wollen und Können ist schuld, daß August der Starke im nordischen Kriege wie im spanischen Erbfolgekriege trotz der nicht unrühmlichen Beteiligung seiner Truppen leer ausging.

Andrerseits wirkte das Bewußtsein der eigenen Schwäche lähmend auf die augusteische Politik. Wenn es sich darum handelte, tatkräftig aufzutreten, schreckte August oft vor jeder raschen Entscheidung zurück; er lavierte zwischen den Parteien, bis sich die Situation verändert hatte und der vielleicht günstige Augenblick entschwunden war.

Die Politik Augusts des Starken hatte wohl hohe Ziele, aber sie scheute sich, alle ihre Kräfte bewußt in deren Dienst zu stellen. Weil ihre Mittel zu gering erschienen, um irgend welche Aussicht auf Erfolg verheißen zu können, wurde sie selbst unentschieden und machte den Eindruck der Schwäche.

Doch trotz der Erkenntnis der eigenen Ohnmacht konnte sich August der Starke nicht entschließen, seinen Zielen gemessene Grenzen zu setzen. Immer waren seine Ansprüche größer als die ihm zur Verfügung stehenden Machtmittel. Obwohl er in seinem Leben genügend Gelegenheit hatte, um zu erfahren, daß die Macht im Leben der Staaten und Völker schließlich der ausschlaggebende Faktor ist, und obwohl er theoretisch diesen Grundsatz vertrat, vermochte er doch nicht, fast während seiner ganzen Regierung, die gemachten Erfahrungen in seiner Politik praktisch zu verwerten und die Doktrin anzuwenden.

Erst gegen das Ende von Augusts Regierung verschob sich in seiner Politik das Mißverhältnis von Wollen und Können einigermaßen. In der zweiten Hälfte der 20 er Jahre des 18. Jahrhunderts begann August, systematisch seine Kräfte zu verstärken durch Reform der Verwaltung und durch Reorganisation und Vergrößerung des Heeres. Mit eigenen Mitteln wollte er bei den kommenden Verwickelungen eingreifen, um nicht völlig der Willkür der Großmächte preisgegeben zu sein. Erst damit gewannen seine Pläne einige Aussicht auf Verwirklichung, wenn auch seine verstärkten eigenen Kräfte allein bei weitem nicht zur Begründung einer wettinischen Großmacht ausreichten. 27000 Mann stehende Truppen standen August am Ende seiner Regierung zur Verfügung.[1]) Diese eigene Macht mußte, um fruchtbringend zu werden, sich im Rahmen eines klug gewählten Allianzensystems entfalten.[2]) Erst so konnte die Möglichkeit einer Durchführung der augusteischen Großmachtspläne gefunden werden.

Neben der Ausbildung der eigenen Kräfte suchte August der Starke daher in der letzten, auf künftige Kriege hindeutenden Periode seines Lebens seiner internationalen Politik durch möglichst vorteilhafte Verträge einen festen Rückhalt zu geben. Er wollte im Frieden sich rüsten und Kräfte sammeln für die kommenden Verwickelungen, um bei diesen, durch ein kunstvolles Bündnissystem vor Angriffen gedeckt, frei seine Kräfte nach außen entfalten zu können. Da riß ihn 1733 ein plötzlicher Tod aus seinem sturmbewegten Leben, ohne daß er irgendwie seine Großmachtspläne verwirklicht hatte.

Es war ihm nicht gelungen, eine wettinische Großmacht zu begründen, obwohl diese schließlich das erste und letzte Ziel seiner Gesamtpolitik war.

In den Dienst der Idee einer Monarchie von europäischer Bedeutung unter wettinischem Scepter waren alle die mannigfaltigen Einzelpläne der augusteischen Politik getreten; wie dies geschehen war, soll im Folgenden kurz angedeutet werden. Es soll die Grundidee der augusteischen Politik dargestellt werden, im Zusammenhang mit ihren Einzelprojekten, die uns dadurch um so verständlicher werden.

Es war natürlich, daß nach der Erwerbung der polnischen Königskrone die augusteischen Großmachtspläne ihren Angelpunkt sowohl in Sachsen wie in Polen sahen. Beide Staaten sollten die Grundpfeiler für eine künftige wettinische Großmacht im Osten Europas bilden, der ein geschlossener territorialer Besitz deutscher und slavischer Länder die für eine große Politik nötige Macht, die deutsche oder auch die oströmische Kaiserkrone[3]) die historische Würde und den äußeren Glanz verleihen sollte.

Bei der Ausführung eines so kühnen Planes konnte August der Starke aber nicht das damalige Polen, die freie Adelsrepublik,

---

1) Haake, Aug. d. St. S. 11.
2) Vergl. die Äußerung Augusts: „Sans des alliés un État, tel formidable qu'il soit, ne peut pas subsister, mais étant bien armé il en trouvera toujours". (Haake, N. A. f. S. G. 21. 1900. S. 252 u. 253).
3) Haake, Aug. d. St. S. 13.

gebrauchen. Polen mußte umgestaltet werden, um die augusteischen Großmachtspläne fördern zu können.

Dies versuchte August auf doppeltem Wege.

Einerseits war er bestrebt, durch Erfolge in der äußeren Politik seine Position in Polen zu verstärken. Im Krieg sollte ein durch Siege gekräftigtes erbliches Königtum erstehen, das imstande war, die freie Adelsrepublik unter das Joch des Absolutismus zu zwingen. Diese Erwägung trieb August zum Kampf gegen Schweden. Durch die Eroberung Livlands hoffte er, die polnische Nation zu gewinnen, um dann die Opposition in der Republik schnell und endgültig zum Schweigen zu bringen. Seine Bemühungen schlugen aber fehl. Die Siege blieben aus, so daß durch den nordischen Krieg Augusts Macht in Polen eher geschwächt als gefördert wurde. An Stelle von Schweden ward Rußland und nicht Polen, wie August gehofft hatte, die führende Macht im Nordosten Europas.

Andrerseits zeigte August der Starke fast gleichzeitig Neigung, auf weniger schwierigem Wege seine Stellung in Polen zu festigen. Er war bald nach Beginn seines polnischen Königtums bereit, auf ein durch Expansion gekräftigtes Großpolen zu verzichten, indem er mehrfach versuchte, sich mit den Nachbarn über die Schicksale Polens durch eine Teilung zu verständigen. Schon 1 Jahr nach der Erwerbung der polnischen Krone wandte er sich in diesem Sinne an Peter den Großen, später einige Male an Preußen.[1]) Beide Mächte lehnten es jedoch ab, auf die sächsischen Teilungsprojekte einzugehen, da in ihnen August den Löwenanteil für sich als souveränes erbliches Fürstentum beanspruchte, während sie nur mit ihnen günstig gelegenen Grenzgebieten Polens abgespeist werden sollten.

Hand in Hand mit diesen Teilungsprojekten ging das Bestreben der augusteischen Politik, einen Polen und Sachsen verbindenden Landstreifen von einer der benachbarten Mächte, von Preußen oder Österreich, zu erlangen.[2]) Die politischen und wirtschaftlichen Interessen Sachsens wie Polens erforderten die Herstellung einer territorialen Verbindung beider Länder. Erst mußte diese erworben sein, ehe August an die Begründung seiner osteuropäischen Großmacht denken konnte. Mehrfach klopfte er mit seinen Wünschen bei den Höfen von Wien und Berlin an; doch vergeblich. Weder Österreich noch Preußen durften dulden, daß sich zwischen sie eine dritte Macht schob, die ihnen überall hemmend in den Weg treten konnte; sie widersetzten sich daher ebenso den Teilungsgelüsten Augusts des Starken wie seinen Absichten, einen verbindenden Landstrich zwischen Sachsen und Polen zu erwerben.

---

1) Haake, Aug. d. St. S. 16.
2) O. E. Schmidt, Kursächsische Streifzüge. Bd. 2. Leipzig 1904. S. 127—133.

Ebenso wenig konnte Schweden und Rußland das Aufkommen eines derartigen Staatengebildes, wie es August vorschwebte, willkommen sein, da es notwendigerweise zu Veränderungen in Polen geführt hätte. Nach Beendigung des nordischen Krieges lag es in ihrem Interesse, die bestehenden Machtverhältnisse nicht zu verschieben. Besonders Rußland durfte Polen nicht wieder mächtig werden lassen, wenn es nicht seinen eben gewonnenen maßgebenden Einfluß in Osteuropa einbüßen wollte.

Es ergab sich somit aus den in mannigfacher Wechselwirkung zueinander stehenden Plänen Augusts des Starken, in Polen seine Macht zu steigern — mochte es durch Expansionspolitik, Teilungsprojekte oder Versuche eines territorialen Zusammenschlusses von Sachsen und Polen geschehen —, ein ständiger Gegensatz zu Schweden, beziehentlich später Rußland, Österreich und Preußen. Dieser äußerte sich je nach der internationalen Lage mit verschiedener Stärke nach den verschiedenen Richtungen. Der augusteischen Politik ward damit die schwierige Aufgabe zu teil, zu diesen drei Mächten immer in dem rechten Verhältnisse zu stehen, ohne sich von einer von ihnen ins Schlepptau nehmen zu lassen.

Diese keineswegs einfache Lage wurde noch komplizierter, weil August der Starke von Anfang an noch auf einem weiteren, den Bedürfnissen seines Erblandes mehr entsprechenden Wege sich seinem Ziele, der Begründung einer europäischen Großmacht, zu nähern suchte.

Er wollte, von seinen Erblanden ausgehend, ein abgerundetes ostdeutsches Territorium schaffen. Dessen Kern sollten neben seinen Erblanden, den Besitzungen der albertinischen Nebenlinien, den ernestinischen Herzogtümern, Erfurt und sonstigen günstig gelegenen Territorien auch Böhmen und Schlesien bilden.[1]) So gedachte August, im Zentrum Europas einen kompakten Binnenstaat zu schaffen, der als Grundlage seiner weiteren hochfliegenden Pläne dienen konnte. Im Interesse des territorialen Zusammenschlusses war er hierbei gern bereit, auf ihm gehörende weit abgelegene Gebiete zu verzichten, wenn er dafür näher liegende, mochten diese auch geringwertiger sein, erhalten konnte. Die Ernestiner hätte er auf diese Weise gern gegen Abtretung ihrer Länder an den Rhein verpflanzt, wenn es ihm gelungen wäre, dort die jülich-bergische Erbschaft anzutreten. Von Österreich wünschte er gern Böhmen und Schlesien seinen Territorien anzugliedern gegen Verzicht auf die vermeintlichen Rechte der Wettiner auf Neapel und Sizilien.

Dieser letzte Gedanke lag ihm doppelt am Herzen, weil er auf diese Weise gleichzeitig die denkbar günstigste territoriale Verbindung Sachsens mit Polen erhalten hätte und außerdem noch in

---

1) Haake, Aug. d. St. S. 15.

den Besitz von genügend Macht gekommen wäre, um die deutsche Kaiserkrone erwerben und behaupten zu können.

Bei Verfolgung dieses Planes mußte sich August der Starke vor allem mit dem Hause Habsburg auseinander setzen, mochte dies nun auf friedlichem oder kriegerischem Wege geschehen. Im Interesse dieses Planes war daher die Stellung zu Österreich in hervorragender Weise maßgebend für die augusteische Politik.

August der Starke war stets ein Feind des Hauses Habsburg;[1]) doch seine unzureichenden Kräfte und die Ungunst der politischen Lage zwangen ihn oft auf lange Zeit, diese Feindschaft zu verbergen und sich mit dem Kaiser auf einen möglichst guten Fuß zu stellen. Während des ganzen nordischen Krieges war er von vornherein auf Österreich angewiesen, um sich in Polen zu behaupten. Daß er sich gern aus den nordischen Verwickelungen zurückgezogen und intensiver am spanischen Erbfolgekrieg beteiligt hätte, beweisen uns seine Beziehungen zu Frankreich.

Mehrfach dachte er daran, sich mit Ludwig XIV. zu einem gemeinsamen Angriff auf die Habsburger zu verbünden.[2]) Auch die Vertretung der wettinischen Ansprüche auf Neapel und Sizilien im spanischen Erbfolgekriege zeigt uns die österreichfeindlichen Tendenzen der augusteischen Politik. Obwohl August der Starke die Wiedererlangung der polnischen Krone 1711 vornehmlich dem Kaiser zu verdanken hatte, war er doch nicht gewillt, sich deswegen zum Vasallen der Habsburger zu erniedrigen. Sobald als möglich suchte er sich dem Einflusse Österreichs zu entziehen, um seinen Großmachtsplänen die Wege zu ebenen. Er wartete nur auf einen günstigen Augenblick, um der Vormachtstellung des Hauses Habsburg ein Ende zu bereiten. Dieser schien gekommen zu sein, als Kaiser Joseph starb. Sogleich trat August mit Plänen hervor, die auf Kosten der Habsburger ihm oder seinem Sohne die Würde eines römischen Königs verschaffen sollten.[3]) Doch auch sie schlugen fehl ebenso wie seine Bemühungen, auf den Friedensschlüssen von Utrecht, Rastatt und Baden den Machtzuwachs zu erhalten, welchen er sich gewünscht hatte.

Bei alledem bestand äußerlich die Freundschaft zwischen Österreich und Sachsen ungetrübt weiter, weil sie geboten war infolge der internationalen Verhältnisse. Im stillen aber arbeitete die augusteische Politik dem Hause Habsburg immer mehr entgegen. Sie hatte schon längst ihren bedeutungsvollsten Schachzug gegen

---

1) J. Ziekursch, Die polnische Politik der Wettiner im 18. Jahrh. N. A. f. S. G. 26. 1905. S. 116.
2) Vergl. Haake, H. Z. 87. S. 19, Anm. 2 und M. Immich, Geschichte des europäischen Staatensystems von 1660—1789. München und Berlin 1905. S. 185, Anm. 2.
3) J. Ziekursch, Die Kaiserwahl Karls VI. (1711). Geschichtliche Studien von Dr. A. Tille. I, 1. Gotha, Perthes, 1902. S. 84/85.

Österreich begonnen, der damit enden sollte, dem Hause Wettin die Vormacht in Deutschland und Osteuropa auf Kosten der habsburgischen Monarchie zu verschaffen. Die erste Etappe bei der Verfolgung dieses „großen Planes" endete mit der Verheiratung des sächsischen Kurprinzen mit Maria Josepha, der ältesten Tochter Kaiser Josephs I. Diese Heirat vom Jahre 1719 war das Werk 20 jähriger Bemühungen der augusteischen Diplomatie und wurde maßgebend für die sächsische Politik der folgenden Jahrzehnte. Wir müssen daher kurz auf ihr Zustandekommen eingehen.

Es war natürlich, daß bei einem klugen Politiker, wie August dem Starken, eine weitblickende Heiratspolitik Hand in Hand mit den Tendenzen seiner Gesamtpolitik gehen mußte.[1])

Früh suchte August für seinen Sohn eine Prinzessin, die ein reiches Erbe oder wenigstens die Anwartschaft auf ein solches mit in die Ehe brachte. Seine Blicke richteten sich dabei bald auf die deutschen Habsburgerinnen. Die Kurie stand ihm hierbei hilfreich zur Seite.[2])

Schon 1701 trug sich der Papst mit dem Gedanken einer Eheverbindung des sächsischen Kurprinzen mit einer österreichischen Prinzessin. Dieses Projekt — hervorgegangen aus dem Bestreben der Kurie, auch den sächsischen Kurprinzen und dann nach der Dynastie ganz Kursachsen in den Schoß der römischen Kirche zurückzuführen — wurde in der Folge nie aus dem Auge gelassen. Als nach Kaiser Leopolds Tod sich dessen Sohn Joseph um die deutsche Kaiserkrone bewarb, machte ihm August keine Schwierigkeiten, in der Erwartung, die ältere der kaiserlichen Töchter, Maria Josepha, für seinen Sohn als Gattin und damit die Anwartschaft auf die deutsch-habsburgischen Länder nach dem Tode Josephs und seines Bruders Karl, der damals noch kinderlos war, zu erhalten. In diesem Plane wurde er noch bestärkt, als 1711 Kaiser Joseph starb und Karl von Spanien als einziger männlicher Habsburger das Erbe seines Bruders antrat. Der Tod Josephs gab den letzten Anstoß zum Übertritt des sächsischen Kurprinzen zum Katholizismus. Dieser erfolgte am 27. November 1712 heimlich zu Bologna. Damit war der erste Schritt getan zu dem Gelingen des Heiratsprojektes. Doch als 1716 dem Kaiser Karl VI. ein Sohn geboren wurde, schienen alle Hoffnungen Augusts des Starken wieder vernichtet. Er betrieb infolgedessen sein Heiratsprojekt nur noch lau, bis der Tod des kaiserlichen Prinzen seine Hoffnungen neu belebte; dieser erfolgte bereits 1717. Die folgende Geburt mehrerer kaiserlicher Prinzessinnen vermochte dem Gelingen des Heiratsprojektes keinen Abbruch zu tun. Nach langen Verhandlungen ging schließlich Karl VI. trotz anfäng-

---

1) Haake, H. Z. 87. S. 9.
2) J. Ziekursch, August der Starke und die katholische Kirche 1607—1720. Briegers Ztschr. f. Kirchengesch. Bd. 24. 1903. S. 86 ff. und S. 232 ff.

licher Abneigung auf den sächsischen Heiratsplan ein. Er wies die Werbungen des bayerischen Kurfürsten für seinen Sohn Karl Albert zurück wegen Max Emanuels intimen Beziehungen zu dem mit dem Hause Habsburg verfeindeten bourbonischen König von Spanien.[1])

Dabei erwarb sich der Jesuitenpater Salerno besondere Verdienste. Er gewann im Verein mit dem sächsischen Feldmarschall und Minister Grafen von Flemming den Kaiser für die sächsische Werbung, entgegen den Bemühungen der Kaiserinwitwe und des Prinzen Eugen, die sich anfangs für den bayerischen Prinzen verwendet hatten.

Am 20. August 1719 fand in Wien die Vermählung des fürstlichen Paares statt. Damit war der Anfang gemacht zu einer langen Reihe von Eheverbindungen zwischen den Häusern Habsburg und Wettin, der von höchster Bedeutung für die sächsische Politik werden sollte und sich noch heute in seinen Nachwirkungen zeigt.

Das Gelingen des sächsischen Heiratsprojektes war entschieden ein Erfolg der augusteischen Politik. Doch fragen wir: Was hatte er gekostet, und was war durch ihn gewonnen?

Die Kosten, die Kursachsen für die Heirat seines Kurprinzen bezahlte, bestanden in dessen Bekehrung zum Katholizismus. Friedrich August hatte seinen protestantischen Glauben aufgegeben und durch seinen Übertritt zur römischen Kirche eine katholische Dynastie in seinem evangelischen Lande begründet. Es war in Kursachsen ein dauernder Gegensatz zwischen Herrscherhaus und Volk geschaffen worden, der leicht zu inneren Krisen führen konnte. Der Herrscher selbst aber hatte sich Schranken auferlegt, indem er auf seinen Einfluß in Religionsangelegenheiten verzichtete und deren Fürsorge seinen obersten Beamten überließ. Es war schließlich durch den Glaubenswechsel des Kurprinzen der Verlust des schon ohnedem längst verlorenen Prestiges Kursachsens als Führer des deutschen Protestantismus endgültig besiegelt worden. Nominell blieb zwar Kursachsen das Direktorium des Corpus Evangelicorum gewahrt, tatsächlich aber war Preußen das Haupt der protestantischen Fürsten geworden.[2]) Der Katholizismus seines Herrscherhauses endlich förderte noch den Anschluß Kursachsens an Österreich. Dies bedeutete aber einen definitiven Verzicht Sachsens auf die Führung Norddeutschlands und gereichte auch den augusteischen Großmachtsplänen sehr zum Nachteil.

Das Umgekehrte, was August von der Heirat seines Sohnes erhoffte, trat ein. Auf Kosten des Hauses Habsburg wollte August eine wettinische Großmacht begründen; im Verlauf der geschicht-

---

1) K. Th. Heigel, Quellen u. Abhandl. z. neueren Geschichte Bayerns. N. F. München 1890. S. 267/268.

2) Über Preußens und Hannovers Bemühungen, das Direktorium Sachsen zu entreißen vergl. A. Frantz, Das katholische Direktorium des Corpus Evangelicorum. Marburg 1880.

lichen Entwickelung aber wurde Sachsen zum Vasallen Österreichs erniedrigt und zwar unter einer neuen österreichischen Dynastie, deren Rolle zu spielen das Kurhaus Wettin im augusteischen Zeitalter einst erstrebt hatte.

Den bei der Heirat des Kurprinzen gebrachten schweren Opfern stand als Gewinn gegenüber der Anspruch Maria Josephas und ihrer Nachkommenschaft auf die gesamte österreichische Monarchie nach dem Aussterben der Deszendenz Karls VI. gemäß den Bestimmungen der kaiserlichen Erbfolgeordnung, die — später pragmatische Sanktion genannt — die Nachfolge der karolinischen Töchter vor den josephinischen feststellte. Diese Erbfolgeordnung einzuhalten, mußte sich der sächsische Hof in feierlichen Renunziationsurkunden und durch eidliche Bekräftigung verpflichten. Er war somit nicht berechtigt, der Erbfolge der karolinischen Töchter irgend welche Hemnisse entgegen zu stellen.

Tatsächlich hatte das Haus Kursachsen nur einen Rechtstitel erworben, der ihm wohl einst unter besonders günstigen Umständen zu statten kommen konnte, der jedoch bedeutungslos wurde, wenn die karolinischen Töchter sich verheirateten und neue Dynastien begründeten. Es war rechtlich in den Händen des augusteischen Hofes nur eine Anweisung für die Zukunft, die kaum die Wahrscheinlichkeit hatte, jemals Geltung zu erlangen.

Dieser durch die Heirat von 1719 erworbene schwache Anspruch entsprach keineswegs den dafür gebrachten Opfern.

Warum betrieb trotzdem August der Starke so eifrig seinen Heiratsplan, da er doch genau wissen mußte, wie viel er verlor und wie wenig er gewann?

Wir kennen seine Absichten gegen das Haus Habsburg. Diese trieben ihn zu der scheinbar so wenig einbringenden Heirat.

August der Starke betrachtete die Renunziationen und die in ihnen ausgesprochene Anerkennung der kaiserlichen Erbfolgeordnung von Anfang an nur als ein notwendiges Übel, das er mit in Kauf nehmen mußte, um überhaupt die Hand Maria Josephas für seinen Sohn zu erhalten. Er wollte sich mit den 1719 erworbenen Ansprüchen nicht zufrieden stellen. Seine Pläne gingen darauf hinaus, nach Karls VI. Tode für seine Schwiegertochter und deren Nachkommenschaft das österreichische Erbe zu beanspruchen. Bei dem sich voraussichtlich nach des Kaisers Tode erhebenden Kampfe wollte August der Starke mit eingreifen und, wenn nicht alle, so doch wenigstens einen Teil der habsburgischen Länder an sich reißen. Auf den Trümmern der österreichischen Monarchie sollte eine neue Großmacht unter wettinischem Scepter erstehen.

Diese Absichten machten sich in der sächsischen Politik bald nach der Heirat des Kurprinzen bemerkbar. Zuerst traten sie verhüllt, nur hie und da hervor. Dann offenbarten sie sich immer deutlicher und wurden schließlich offenkundig, bis ihnen durch den

Tod Augusts des Starken ihr Träger genommen wurde und eine neue Ära in der sächsischen Politik begann.

Diese Entwickelung vollzog sich in verschiedenen Etappen. Die erste reicht bis zum Wiener Frieden 1725; sie umschließt die Zeit der Vorbereitung. Die sächsische Politik arbeitet im Stillen der pragmatischen Sanktion entgegen, ist aber im Ganzen noch kaiserfreundlich, da sie am liebsten durch die Verheiratung Maria Theresias mit einem Enkel Augusts des Starken alle Differenzen zwischen beiden Häusern beseitigen möchte.

Im zweiten wichtigeren Zeitraum von 1725—1727 beginnt die Haltung Augusts zur pragmatischen Sanktion wegen deren Verquickung mit dem Wiener Frieden wesentlich von der Stellung zu den europäischen Mächten bestimmt zu werden. Die sächsische Politik vermeidet es, trotz zahlreicher Differenzen, mit dem Kaiser zu brechen, ohne doch die von diesem verlangte Garantie der pragmatischen Sanktion zu übernehmen. Durch ihr Schwanken zwischen den europäischen Parteien wird aber trotzdem ihre Stellung zu Österreich immer unhaltbarer.[1]

Dieser gespannte Zustand hält auch in der folgenden Periode bis 1730 an; er wird noch verstärkt durch fruchtlose Verhandlungen, in denen zeitweise versucht wird, ein Zusammengehen Sachsens mit Preußen und Österreich einzuleiten.

In der letzten Epoche endlich bis zum Tode Augusts des Starken sieht sich die sächsische Politik gezwungen, Farbe zu bekennen. Anläßlich der verlangten Reichsgarantie der pragmatischen Sanktion kommt es zum Bruch mit dem Kaiser, der solange anhält, bis die polnische Thronfolgefrage die sächsische Politik zur Anerkennung der pragmatischen Sanktion nötigt.

---

[1] Die folgende dritte und vierte Periode sind in vorliegender Dissertation nicht mit behandelt, wohl aber in dem gleichzeitig erschienenen Heft der „Leipziger historischen Abhandlungen".

I. Kapitel.
Das Verhalten der augusteischen Politik zur pragmatischen Sanktion bis zum ersten Wiener Frieden. (1719—1725.)
[Die Zeit der Vorbereitung.]

§ 1.
Die Rechtsfrage.

Wir haben gesehen, wie es in den Tendenzen der augusteischen Politik lag, die Bestimmungen der pragmatischen Sanktion nichtig zu machen und an Stelle der Erbfolge der karolinischen Töchter die der josephinischen festzustellen.

Die Renunziationen boten dazu keine rechtliche Handhabe. In ihnen war ja Maria Josepha ausdrücklich mit allen ihren Rechten und Ansprüchen auf die Länder des Kaisers, die ihr „infolge ihrer Abkunft, kraft des im Hause Österreich früher üblichen Herkommens, oder des Paktums vom 12. September 1703 oder irgend eines anderen Namens oder erdenkbaren Titels zukamen oder zukommen konnten, zugunsten der karolinischen Deszendenz zurückgetreten"; sie hatte ferner diesen Verzicht eidlich bekräftigt im Einverständnis mit ihrem Gatten und dessen Vater, die beide in feierlichen Urkunden versprochen hatten, nichts wider die Renunziation Maria Josephas zu tun.[1]

Trotzdem sollte gerade die Renunziationsurkunde einen Fingerzeig geben, wie man der pragmatischen Sanktion zu Leibe gehen konnte.

Der ausdrückliche Hinweis auf Rechte, die Maria Josepha aus dem Paktum von 1703[2]) zustehen könnten, machte stutzig. Es war

---

1) Die Renunziationsurkunden finden sich gedruckt bei du Mont, Corps universel diplomatique. VIII. P. 2. à la Haye 1751. S. 9ff.; die Augusts und seines Sohnes sind unterm 2. Okt. ausgefertigt in Form von Akzeptationsinstrumenten, denen die Renunziation Maria Josephas vom 19. Aug. 1719 inseriert ist.

2) Dieses sollte die Erbfolge des Hauses Habsburg in Spanien und Österreich regeln, nachdem Leopolds jüngerer Sohn, der spätere Karl VI., die spanische Krone erhalten hatte; gedruckt mit einem Aufsatze von Aug. Fournier H. Z. 38. N. F. 2. 1877. S. 38ff.

natürlich, daß die sächsische Politik sich bemühte, diese festzustellen. Dabei ergab sich, daß das Paktum eine doppelte Interpretation zuließ; die eine sprach den josephinischen, die andere den karolinischen Töchtern den Vorrang in der Erbfolge zu; letztere hatte der Kaiser seiner Erbfolgeordnung vom 19. April 1713[1]) zugrunde gelegt, die im allgemeinen als Fundament für die pragmatische Sanktion betrachtet wird.

Um die Rechtsgrundlage der sächsischen Ansprüche genauer feststellen zu können, müssen wir dem Paktum von 1703 etwas näher treten. Es heißt dort:

1. Stirbt Karl ohne männliche Deszendenz, so soll Spanien an Leopold und Joseph oder dessen Kinder fallen. Dabei soll für Karls hinterlassene Töchter nach der Sitte des Hauses gesorgt werden, ungeschmälert des Rechtes, das ihnen nach der Primogenitur einst zukommen kann, wenn es an männlichen Nachkommen Leopolds und weiblichen Josephs fehlt, die jenen (Karls Töchtern) überall immer vorangehen. (iis debito modo prospiciatur, prout in Domo Nostra hactenus moris fuit, integro etiam illis jure, quod, deficientibus Nostrae stirpis maribus legitimis et, quae eas ubivis semper praecedunt, Primogeniti Nostri foeminis, juxta primogeniturae ordinem quandocunque competere poterit.)[2])

2. Stirbt Joseph ohne männliche Deszendenz, so sollen die deutschen Länder der Habsburger an Karl oder dessen Nachkommenschaft fallen; dabei soll für die Frauen gelten, was im ersten Falle festgestellt ist. (ratione foeminarum superstitum id observandum erit, quod in proximo casu constitutum est.)[3])

Der zweite Fall war 1711 eingetreten. Karl hatte als rechtmäßiger Erbe Josephs die deutsch-habsburgischen Länder in Besitz genommen. Wie war nun der Erbgang? Karl hatte keine Kinder. Dem Paktum nach waren nun die josephinischen Töchter seine Erben. Wie wurde aber die Erbfolge, wenn Karl noch Töchter bekam? Diese Frage ließ sich nach dem Paktum doppelt beantworten; je nachdem das ratione foeminarum usw. aufgefaßt wurde.

Einerseits konnte man sagen: Was im 1. Falle für die karolinischen Töchter gilt, das Gleiche gilt im 2. Falle für die josephinischen, wie Karl und Joseph, so wechseln auch ihre Töchter die Rollen. So erst kann logisch von einer gegenseitigen Nachfolge, einem 'Pactum mutuae successionis', die Rede sein. Das ratione foeminarum usw. wird analog dem ersten Falle angewandt und gibt dem zweiten Falle folgenden Inhalt:

---

1) Nach Wolf, Geschichte der pragmatischen Sanktion bis zum Jahre 1740. Wien 1850, ließ der Kaiser in der Konferenz zu Wien das Paktum von 1703 vorlesen und erklärte dann die Erbfolge zugunsten seiner Töchter. Das darauf bezügliche Notariatsinstrument ebenda S. 13 ff.
2) H. Z. 38. S. 39.
3) Ebenda.

Stirbt Joseph ohne männliche Deszendenten, so soll Österreich an Karl fallen; dabei soll für Josephs Töchter nach der Sitte des Hauses gesorgt werden, ungeschmälert des Rechtes, das ihnen nach der Primogenitur einst zukommen kann, wenn es an männlichen und weiblichen Nachkommen Karls fehlt, die jenen (den Töchtern Josephs) überall immer vorangehen.

Diese etwas gezwungene, doch keineswegs widersinnige Interpretation rechtfertigt die Erklärung des Paktums von 1703 zugunsten der karolinischen Töchter in der kaiserlichen Erbfolgeordnung von 1713.[1])

Die zweite mögliche Interpretation stützt sich auf den Wortlaut des Paktums und verzichtet auf eine scharfe Durchführung des Gedankens der gegenseitigen Nachfolge. Das ratione foeminarum usw. wird als ein Hinweis aufgefaßt, den zweiten Teil des ersten Falles (debito modo usw.) wörtlich in den zweiten Fall zu übernehmen. Es wechseln nur Karl und Joseph ihre Rollen, nicht auch deren Töchter. Das 'quae eas ubivis semper praecedunt' verschafft so den josephinischen Erzherzoginnen den Vorrang vor den karolinischen und läßt folgenden Erbgang feststellen: 1. Männliche Nachkommen Leopolds. 2. Weibliche Nachkommen Josephs. 3. Weibliche Nachkommen Karls.

Nach dieser Interpretation war beim Abschluß der Heirat von 1719 die Erbin des Kaisers nicht Maria Theresia, sondern Maria Josepha. Hiernach bestand ein Widerspruch zwischen dem Paktum von 1703 und der pragmatischen Sanktion.

Diesen wollte die augusteische Politik nach Kräften ausnutzen, obwohl in den Renunziationen die erste kaiserliche Interpretation ausdrücklich anerkannt war. Auf der Grundlage des Paktums von 1703 wollte August der Starke die Erbfolge der karolinischen Töchter beanstanden und einen Bruch der Renunziationen rechtfertigen, um dann Maria Josepha als Erbin der habsburgischen Länder zu erklären. In den Besitz einer Abschrift des Paktums war der sächsische Hof beim Abschluß der Ehepakten gekommen.[2])

---

[1]) Verfasser glaubt, auf diese Weise den scheinbaren Widerspruch zwischen dem Paktum und der kaiserlichen Erbfolgeordnung von 1713 beseitigen zu können. Man braucht nicht erst mit Weber (Mitt. des Inst. f. ö. Geschichtsforschung. XIX. 1898. S. 700 ff.) den Fall anzunehmen, daß Leopold noch lebt, doch ohne männliche Nachkommen, um das 'quae eas ubivis semper praecedunt' zu verstehen.

[2]) Vor dem Abschluß der Heirat wurden Flemming in Wien 6 auf die kaiserliche Erbfolgeordnung bezügliche Dokumente abschriftlich übergeben. (Testament Ferdinands II. vom 10. Mai 1621; Kodizill dazu vom 8. Aug. 1631; Zessionsurkunde Leopolds und Josephs, betreffend den Verzicht auf Spanien vom 12. Sept. 1703; das für uns in Betracht kommende „Instrumentum successionis seu ordinis succedendi, ab Augusti.^{mis} quondam Imperatoribus Leopoldo et Josepho in Ser.^{mum} Regem Catholicum Carolum Tertium translatum" dd. 12. Sept. 1703 [das sog. Paktum 'mutuae successionis']; Akzeptationsurkunde Karls dazu vom 12. Sept. 1703; Hauptinstrument der pragmatischen Sanktion vom 19. April

18   Die augusteische Politik vor dem ersten Wiener Frieden.

Noch zu Lebzeiten des Kaisers mit den Rechtsansprüchen aus dem Paktum von 1703 hervorzutreten, wagte die augusteische Politik nicht. Im geheimen aber rüstete sich August der Starke eifrig für den „großen Plan" gegen das Haus Habsburg. Er ließ Gründe sammeln, um einen Bruch der Renunziationen und ein Umstoßen der pragmatischen Sanktion zu rechtfertigen. Diese wurden in zahlreichen juristisch-historischen Deduktionen[1]) zusammengestellt. Deren Menge zeigt uns, was für eine bedeutende Rolle die Frage der pragmatischen Sanktion in der damaligen sächsischen Politik spielte. Ihren Inhalt bildete fast durchweg die Formulierung der Ansprüche Maria Josephas auf Grund der ihnen günstigen Interpretation des Paktums von 1703.

Bei dem Suchen nach allem, was die Bestimmungen der pragmatischen Sanktion illusorisch machen konnte, stießen die sächsischen Politiker wieder auf die uralten Ansprüche, welche das Haus Wettin als Erbe der Babenberger, Staufen und Luxemburger auf die von Karl VI. besessenen Länder zu haben glaubte.[2]) Da aber diese in

---

1713.) Diese Schriftstücke übersandte Flemming mit einer Relation vom 9. Juli 1719 aus Wien; er bemerkt dort: „Diese Dokumente werden allhier für die geheimste und wichtigste Arcana Domus gehalten, daher auch bey Communication dieser Abschriften sonderlich dieses von dem Referendario [Buol] erinnert und gebethen worden, daß man selbige secretiren, und nicht divulgiren lassen möchte." Es ist dies ein Zeugnis dafür, daß sich der Wiener Hof bewußt war, welche rechtliche Handhabe er gegen die Erbfolge der kaiserlichen Töchter aus der Hand gab. (H. St. A. 760.)

1) Auf sie wird im Verlaufe der Darstellung einzeln eingegangen werden, soweit sie von weiterer Bedeutung für die augusteische Politik waren.

2) 1. Ansprüche auf Österreich durch die Vermählung Heinrichs des Erlauchten (1221—1288) mit Konstantina, der Tochter Leopolds VII. a. d. Hause Babenberg. Diese hätten 1246 nach dem Tode des Herzogs Friedrich in Kraft treten müssen, da im Privilegium minus von 1156 schon die weibliche Erbfolge im Herzogtum Österreich anerkannt war; sie waren aber damals vom Hause Wettin nicht energisch vertreten worden, so daß Österreich an Ottokar von Böhmen und bald darauf an die Habsburger kam.

2. Ansprüche auf Schwaben und Süditalien durch die Vermählung Albrechts des Entarteten (1288—1307) mit Margaretha, einer Tochter Kaiser Friedrichs II. Diese hatte August d. St. bereits im spanischen Erbfolgekriege geltend gemacht; er verhandelte darüber 1799 mit Frankreich (H. Z. 87. S. 19. Anm. 2), nach dem Frieden von Altranstädt mit Karl XII. und Marlborough (Danielson, Zur Geschichte der sächsischen Politik 1706—1709. Helsingfors 1878. Diss. S. 54, 57, 63); dabei brachte er den Wunsch zum Ausdruck, für Neapel und Sizilien durch die Niederlande oder den Elsaß und die lothringischen Bistümer entschädigt zu werden.

3. Ansprüche auf Böhmen, Ungarn und Luxemburg durch die Vermählung Wilhelms III., des Tapferen, mit Anna, der Tochter Kaiser Albrechts II. und Enkelin Kaiser Siegmunds, am 21. Juni 1446. Diese hätten 1457 nach dem Tode von Wladislaw Posthumus in Kraft treten müssen. 1739—1743 hatte Wilhelm III. nach seiner Verlobung mit der 8jährigen Anna als Erbherr bereits Luxemburg in Besitz genommen, doch ohne es länger zu behaupten. (S. F. Richter, Der Luxemburger

erster Linie den Ernestinern zugute gekommen wären und die Versuche Augusts des Starken, während des spanischen Erbfolgekriegs seine Rechte auf Neapel und Sizilien geltend zu machen, völlig gescheitert waren, hielt der sächsische Hof es für ratsamer, diesen wohl vor Jahrhunderten berechtigt gewesenen Ansprüchen keinen weiteren Wert beizulegen. Er begnügte sich, sie erneut festzustellen, ohne an sie allzu große Hoffnungen zu knüpfen.

§ 2.
Die ständischen Garantien der pragmatischen Sanktion und die Vermählung der zweiten josephinischen Tochter mit dem bayerischen Kurprinzen.

Während man sächsischerseits alles sammelte, was die pragmatische Sanktion umzustoßen im stande war, bemühte sich andrerseits der Kaiser, seiner Erbfolgeordnung möglichst allgemeine Anerkennung zu verschaffen. Nachdem er die Thronfolge seiner Töchter durch die Renunziationen vor den Ansprüchen seiner nächsten Verwandten gesichert zu haben schien, suchte er nach und nach die Stände seiner Territorien zur Anerkennung und Garantie seiner Erbfolgeordnung zu gewinnen, die dadurch aus einem Hausgesetze ein Staatsgrundgesetz werden sollte.[1]

Bei den Verhandlungen des Kaisers mit den Ständen seiner Territorien mußten natürlich die sächsischen Renunziationen mit zur Sprache kommen. Dies war August äußerst unangenehm; wurde doch dadurch der Verzicht Maria Josephas auf das österreichische Erbe zugunsten der karolinischen Erzherzoginnen immer offenkundiger und somit der geplante Bruch der Renunziationen für die sächsische Politik immer mehr erschwert. Die an sich rein österreichische Angelegenheit war daher für den sächsischen Hof keineswegs gleichgültig.

Dieser beobachtete schon seit dem Anfang der 20 er Jahre mit äußerstem Mißbehagen die Vorgänge in den habsburgischen Kronländern. Er befahl dem kursächsischen Gesandten in Wien, Hofrat Ludwig Adolph Frh. von Zech, scharf zu wachen, daß bei

---

Erbfolgestreit in den Jahren 1438—43. Westd. Ztschr. Erg.-Heft V. 1889.) — Über die genealog. Zusammenhänge vergl. Voigtel-Cohn, Stammtafeln. Bd. 1. Braunschweig 1871. Tafel 31, 20 und 32 und O. Posse, Die Wettiner. Leipzig und Berlin 1897. Tafel 4 und 6. — Zählt man diese künstlich konstruierten Ansprüche zusammen, so konnten in der Tat alle von Karl VI. besessenen Territorien beansprucht werden. Sie finden sich zusammengestellt H. St. A. 2872 und werden noch Jahrzehnte in den Akten zur sächs. Gesch. des 18. Jahrh. mit fortgeschleppt. Eine Erläuterung zu ihnen bringt noch 1787 C. H. v. Römer in seinem „Staatsrecht und Statistik des Churfürstentums Sachsen und der dabey befindlichen Lande." Tl. 1. Halle 1787. S. 565 ff.
1) Wolf.

den bevorstehenden Sukzessionsgeschäften nichts zum Nachteil des königlichen Prinzen und seiner Gemahlin geschähe.[1])

Am liebsten hätte August die persönliche Teilnahme seines Vertreters an den Verhandlungen des Kaisers mit den Ständen seiner Territorien gesehen; er wünschte, dabei die Erbrechte der josephinischen Erzherzoginnen gebührend zu betonen und wenn möglich etwaige bisher ihm noch unbekannte ans Tageslicht tretende urkundliche Handhaben gegen die Bestimmungen der pragmatischen Sanktion zur Kenntnis zu bekommen. Beides blieb nur ein stiller Wunsch.

Der Kaiser zeigte nicht die geringste Neigung, dem sächsischen Gesandten einen Einblick in seine Angelegenheiten zu gewähren. August aber scheute sich, energisch seinen Wunsch zu vertreten, da ihm die nötigen Rechtsunterlagen und Machtmittel fehlten, um in die Sukzessionsgeschäfte des Kaisers wirksam eingreifen zu können.

Zech hatte daher mit seinen Bemühungen wenig Erfolg. Er erhielt nicht einmal die mehrfach von seiner Regierung verlangte Mitteilung der kaiserlichen Erbfolgeordnung, wie sie zur Kenntnis der Stände gekommen war.[2]) Bei den Verhandlungen, die mit den niederösterreichischen Landständen im April 1720 stattfanden, bestand die Wahrung der Rechte des Kurhauses lediglich darin, daß die Renunziationen vorgelesen wurden; dabei traten natürlich die Rechte der karolinischen Prinzessinnen vor denen der josephinischen völlig in den Vordergrund. Zech vertröstete damals der kaiserliche Hofkanzler, Graf von Sinzendorf, mit dem Bemerken, man werde dem sächsischen Hofe, wenn die Sukzessionsangelegenheit völlig zum Abschluß gekommen sei, davon Mitteilung machen.[3])

Wegen dieses ablehnenden Verhaltens des Wiener Hofes, der jede Einmischung Augusts in Sachen der pragmatischen Sanktion tunlichst zu verhindern suchte, gab der sächsische Hof bald den Plan auf, sich in die österreichischen Sukzessionsangelegenheiten einzumischen. Als im März 1721 der Hofrat Terras nach Wien gesandt wurde, um bei der bevorstehenden Garantie der pragmatischen Sanktion durch die ungarischen Stände anwesend zu sein, war in seiner Instruktion von einer Wahrung der Rechte der josephinischen Töchter kaum noch die Rede. Terras erhielt lediglich den Auftrag, authentische Nachricht zu verlangen, wie die Publikation der kaiserlichen Erbfolgeordnung in den österreichischen Territorien und deren Akzeptation durch die Stände geschehen sei.[4])

---

1) Mannteuffel an Zech. d. d. Warschau, 3. April 1720. (Extrakt H. St. A. 2872.)
2) Instruktion für Zech. d. d. Dresden, 12. Sept. 1720. (Extrakt H. St. A. 2872.)
3) Relation Zechs. d. d. Wien, 25. April 1720. (Ebda.)
4) Instruktion für Terras. d. d. Dresden, 27. Nov. 1721. (Ebda.)

Der Wiener Hof war jedoch auch damals ebensowenig wie im Vorjahre geneigt, den sächsischen Wünschen zu willfahren. Erst als am 30. Juni 1722 auch die ungarischen Stände die Garantie der pragmatischen Sanktion übernommen hatten, erhielt Terras von Sinzendorf die Erklärung, daß nach erfolgtem Schlusse des ungarischen Landtages nichts mehr der Mitteilung der Erbfolgeordnung, wie sie den Ständen publiziert und von ihnen angenommen sei, entgegenstünde.[1]

Dabei mußte sich die sächsische Regierung beruhigen. Bei den noch bis zum Ende der 20er Jahre währenden Verhandlungen über die Garantie der pragmatischen Sanktion in den übrigen habsburgischen Territorien verhielt sich der augusteische Hof völlig gleichgültig, da er einsehen mußte, daß der kaiserliche Hof nicht gewillt war, auf seine Wünsche einzugehen.

So geringfügig auch die Reibungen zwischen den Höfen von Wien und Dresden anläßlich der ständischen Garantien der pragmatischen Sanktion sein mochten, sie sind bezeichnend für die Tendenzen der augusteischen Politik. Die offiziellen Maßnahmen der sächsischen Regierung gegen Österreich trugen nach wie vor einen freundschaftlichen Charakter. Daneben aber hegte der augusteische Hof ein tiefeingewurzeltes Mißtrauen gegen den Kaiser, das sich vor allem in dem Verhalten zur pragmatischen Sanktion zeigte. Das mehrfache Verlangen nach den darauf bezüglichen Dokumenten weist uns darauf hin, daß die sächsische Regierung glaubte, der Wiener Hof sei im Besitze von noch anderen Dokumenten, als wie dem Paktum von 1703, welche die Erbfolge der josephinischen Töchter vor der der karolinischen festlegten.

Diese Erwägungen erklären das sonst unverständliche Drängen der sächsischen Regierung auf Mitteilung der Art und Weise, wie die Publikation der pragmatischen Sanktion und deren Akzeptation durch die Stände erfolgt sei; sie lassen uns auch die Instruktion für Terras vom 27. Nov. 1721[2]) verstehen, in der dieser beauftragt wird, sich mit dem ksl. Geh. Referendar von Buol bekannt zu machen, um von diesem unter der Hand authentische Nachricht über die pragmatische Sanktion zu verlangen, bei der ganzen Sache aber solche Behutsamkeit zu gebrauchen, daß er deswegen auf keine Art und Weise „zu Schöpfung einiger ombrage" Anlaß gebe.

Ebensowenig wie bei den Garantien der pragmatischen Sanktion durch die Stände der österreichischen Territorien gelang es dem augusteischen Hofe, bei der Verheiratung der jüngeren josephinischen Tochter, Maria Amalias, irgendwie den kaiserlichen Hof zu beeinflussen. Lakonisch teilte der Kaiser die Vermählung seiner Nichte

---

1) Relation von Terras. d. d. Wien, 22. Juli 1722. (Ebda.)
2) H. St. A. 2872.

mit dem bayerischen Kurprinzen in 2 Schreiben vom 8. Okt. 1722[1]) Maria Josepha und August dem Starken mit; er betonte aber darin die ausdrückliche Wahrung der Ansprüche des Kurhauses Wettin in den vom bayerischen Hofe erhaltenen Renunziationen.

Der sächsische Hof war von dieser Nachricht wenig entzückt. War doch vielleicht in Kurbayern dem Hause Kursachsen ein gefährlicher Rivale erwachsen, der die Rechte Maria Josephas auch für Maria Amalia fordern und so die Vorrechte des augusteischen Hofes auf die gesamte österreichische Monarchie schmälern konnte. Wenn auch die kursächsischen Ansprüche in den bayerischen Renunziationen formell gewahrt waren, so hatte dies doch wenig zu bedeuten, da die sächsischen Staatsmänner nicht mit Unrecht vermuteten, daß Max Emanuel ebenso wie August der Starke geneigt sein würde, gegebenenfalls die Renunziationen außer acht zu lassen.

Oder konnte nicht der Kaiser, gerade weil in den bayerischen Renunziationen klar und deutlich die wettinische Erbfolge vor der wittelsbachischen anerkannt war, geheime Abmachungen getroffen und dem Kurhause Bayern als Äquivalent für die von Kursachsen bei der Heirat von 1719 erworbenen größeren Ansprüche irgend welche anderen Zugeständnisse gemacht haben?

Um über diese Fragen aufgeklärt zu werden, beauftragte der kursächsische Kabinettsminister Ernst Christoph Graf von Mannteuffel den Geh. Rat Christoph Friedrich Frh. von Gersdorf, der damals Kursachsen auf dem Reichstag zu Regensburg vertrat, Erkundigungen über die Absichten einzuziehen, welche den bayerischen Hof zum Abschluß der Heirat getrieben hätten, und inwieweit die Gerüchte, daß man in München die Nachfolge in einigen italienischen Provinzen erstrebe, begründet seien.[2])

Gersdorf begab sich daraufhin nach München, wo er mit dem Oberhofmeister der Kurprinzessin, Grafen von Dietrichstein, sowie dem Minister von Unertl und dem Frh. von Malknecht Unterredungen hatte, in denen diese ihm versicherten, daß Bayern trotz aller Bemühungen nicht der geringste Vorteil aus der Heirat erwachsen wäre. Man hätte bei dieser Vermählung eher am kaiserlichen Hofe bitten müssen, als sich „besondere conditiones ausdingen" dürfen, und man könne die bayerische „Hoffnung zur Succession in diesen Provinzen nicht anders als eine vielen difficultaeten unterworffene Sache und als pia desideria ansehen".[3])

---

1) H. St. A. 2872. (Kopie.)
2) Mannteuffel an Gersdorf. d. d. Warschau, 4. Nov. 1722. (Kopie H. St. A. 2872.)
3) Relation Gersdorfs. d. d. München, 7. Dez. 1722. (Extrakt H. St. A. 2872.) Nach der Mitteilung von Dietrichsteins hatte Max Emanuel beim Abschluß der Heirat für die Kurprinzen zuerst das Vizekönigtum von Neapel oder das Gouvernement der Niederlande, nachher aber das Gouvernement von Tirol oder Mailand zu erlangen gesucht. (Ebda.)

Diese Versicherungen der bayerischen Staatsmänner verfehlten nicht, eine tiefe Wirkung auf den sächsischen Hof auszuüben. Bayern hatte augenscheinlich keine Sondervorteile vom Kaiser erhalten. Was anderes konnte es da zum Abschluß der Heirat getrieben haben als die Hoffnung, später für das, was man beim Abschluß der Heirat nicht hatte erhalten können, reichen Ersatz auf Kosten der habsburgischen Monarchie zu finden, indem man nach des Kaisers Tod sich gegen die Erbfolge der karolinischen Töchter erhob?

Es war dem Kurhause Wettin in seinem Streben, das Erbe der Habsburger an sich zu reißen, ein gefährlicher Rivale im Kurhause Bayern erwachsen. Ihn galt es beizeiten nieder zu halten oder durch einen Vergleich zu befriedigen, der jedem von beiden Kurhäusern einen Teil der österreichischen Monarchie sicherte. August stand also vor der Entscheidung, den Kampf gegen das Haus Wittelsbach mit seinen Ansprüchen auf das habsburgische Erbe aufzunehmen, oder sich mit ihm zu verbünden gegen die Thronfolge der karolinischen Töchter. Das bedeutete aber, für oder gegen die pragmatische Sanktion einzutreten.

Beide Möglichkeiten faßte damals die sächsische Regierung ins Auge.

Für erstere stellte sie jedoch eine sehr hohe Vorbedingung. Diese bestand in der Verheiratung der ältesten kaiserlichen Tochter mit einem Sohne des Kurprinzen.[1]) Gelang es, Maria Theresia mit einem der sächsischen Prinzen zu vermählen, so vereinigte das Kurhaus Sachsen sowohl die Ansprüche der josephinischen wie der karolinischen Töchter in seiner Hand; es konnte unter diesen Umständen getrost sich für die pragmatische Sanktion entscheiden. Deren Bekämpfung war unangebracht, solange Sachsen noch irgend welche Aussicht hatte, die Hand Maria Theresias zu erhalten.

Im Sinne dieser Erwägungen entwarf die augusteische Politik ein Heiratsprojekt. Dessen Verfolgung setzte bald nach der Heirat der jüngeren josephinischen Tochter ein und war lange Zeit mitbestimmend für die augusteische Politik.

Bevor die sächsische Politik ernstlich an eine Inangriffnahme ihres Heiratsprojektes denken konnte, war es nötig, zu wissen, ob die Hand Maria Theresias noch frei war. Denn schon früh tauchten allerhand Gerüchte über die Wahl von deren künftigen Gatten auf.[2]) Diese war ohne Rücksicht auf seinen dynastischen Ehrgeiz für August den Starken allein wegen der Lage seiner Länder von größter Wichtigkeit.

---

1) In Betracht kamen damals Joseph (geb. 24. Okt. 1721, gest. 14. März 1728) und Friedrich Christian, der spätere Kurfürst (geb. 5. Sept 1722, gest. 17. Dez. 1763). (Posse. Tafel 30.)
2) Nach H. St. A. 2872 stand schon unterm 29. Febr. 1720 in den 'Halleschen gedruckten Zeitungen,' der Kaiser habe den Prinzen von Brasilien zum Gemahl für seine älteste Tochter bestimmt.

Es konnte weder Sachsen noch Polen gleichgültig sein, wer dereinst Erbe der österreichischen Monarchie und mithin ihr mächtigster Nachbar werden würde.

Es gelang aber nicht, authentische Nachricht hierüber zu ermitteln. Allgemeine Gerüchte sprachen allerdings schon seit Jahren von den Aussichten des Erbprinzen von Lothringen auf die Hand Maria Theresias.[1])

Dennoch entschloß sich August, um den etwaigen bayerischen Ansprüchen möglichst den Rechtsboden zu entziehen, im Sommer 1723 mit seinem Heiratsplan an den Kaiser heranzutreten. Die Gelegenheit dazu schien günstig. Am 4. Juni war der Erbprinz Clemens von Lothringen gestorben,[2]) so daß die Aussichten für die sächsische Werbung sich wesentlich gebessert hatten. Es war fraglich, ob Karl VI. auch für die Vermählung Maria Theresias mit dem nunmehrigen Erbprinzen, Franz Stephan, sein würde. Dem sächsischen Plan schien ferner das damalige Einverständnis mit dem Kaiser in der Politik zustatten zu kommen. Kurz vorher war es Flemming gelungen, dem kaiserlichen Hofe wesentliche Dienste zu leisten. Er hatte mit gutem Erfolg sich bemüht, die abgebrochenen Beziehungen zwischen den Höfen von Wien und Berlin wieder herzustellen.[3])

Als daher im Sommer 1723 der Kaiser nach Prag kam, um sich zum König von Böhmen krönen zu lassen, reiste die Kurprinzessin in Begleitung von Flemming dorthin, um die sächsische Werbung einzuleiten. Sie hatte ein Memoire[4]) mitbekommen, in dem die Gründe zusammengestellt waren, die zu ungunsten des Lothringers für eine Eheverbindung der ältesten kaiserlichen Tochter mit einem der sächsischen Prinzen sprachen.

Da der Inhalt dieses Memoires für die augusteische Politik bezeichnend ist, müssen wir auf ihn etwas näher eingehen. Es wurde ungefähr Folgendes ausgeführt: 1. Der Kaiser sei mit dem Hause Sachsen näher verwandt als mit dem Hause Lothringen, er müsse daher mehr an den Vorteil und die Vergrößerung des ersteren denken. 2. Sachsen sei mächtiger als Lothringen, könne daher leichter die für eine derartige Verbindung nötigen Opfer bringen. 3. Frankreich werde die Heirat des Lothringers mit der kaiserlichen Tochter benützen, um Teile von Lothringen an sich zu reißen; der Kaiser werde daher immer eine Armee bereit halten müssen. Und wenn schließlich des Friedens wegen ein Teil Lothringens an Frankreich abgetreten würde, könne der Lothringer, falls der Kaiser noch

---

1) Relation Zechs. d. d. Wien, 16. Okt. 1721. (H. St. A. 2872.)
2) v. Arneth, Maria Theresia's erste Regierungsjahre. Bd. 1. 1740—1741. Wien 1863. S. 8.
3) J. G. Droysen, Gesch. d. preuß. Politik. Bd. 4, 2. Leipzig 1869. S. 344 ff.
4) H. St. A. 2902. (Inst.)

einen männlichen Erben erhalte, seine Gemahlin nicht mehr standesgemäß unterhalten. Die Verheiratung Maria Theresias nach Kursachsen sei viel weniger gefahrvoll, da dieses viel mehr eigene Kräfte als Lothringen besitze. 4. Der sächsische Prinz sei zwar 5 Jahre jünger[1]) als die älteste der kaiserlichen Prinzessinnen; dieser Altersunterschied sei aber nicht allzu groß. Der Kaiser könne den sächsischen Prinzen nach seinem Willen erziehen; dies sei bei dem bereits 15 Jahr alten Lothringer nicht so leicht möglich. 5. Ein Gelingen des sächsischen Heiratsplanes komme der katholischen Religion und ihrem Fortschreiten in Sachsen zu gute. 6. Sachsen könne kraft seiner Kurwürde bei der Wahl eines römischen Königs die kaiserlichen Wünsche viel wirksamer als Lothringen unterstützen. 7. Es könne dem Kaiser gleichgültig sein, wer die Vorteile genieße, welche die Erzherzogin bringe, da diese in ihr selbst ruhten.

Suchen wir uns aus dem Heiratsplan und den Mitteln, die zu seinem Gelingen beitragen sollten, ein Bild von dem zu machen, was die augusteische Politik mit ihm bezweckte, so werden wir sagen müssen: Ihr schwebte die Begründung einer wettinischen Nebenlinie in den habsburgischen Ländern vor durch die Verheiratung Friedrich Christians, des jüngeren Sohnes des Kurprinzen, mit Maria Theresia. Religiöse, politische und verwandtschaftliche Rücksichten sollten Sachsen hierbei zu gute kommen. Wenn dann dem älteren Sohne des Kurprinzen Sachsen und Polen zugefallen wären, hätte das Kurhaus Wettin einen ungeheueren Länderkomplex von der Ostsee bis zur Adria und vom Kanal bis zum Dnjepr erhalten, der ihm eine Vormachtstellung in Mittel- und Osteuropa hätte einräumen müssen. Das einzige einigende Moment in dieser imaginären, aus allen Völkern bunt zusammen gewürfelten wettinischen Hausmacht wäre die katholische Religion geworden.

Der Heiratsplan war so, veranlaßt durch die Haltung zur pragmatischen Sanktion und die bayerische Heirat von 1722, ein erneuter Ausfluß der uns bekannten Großmachtsbestrebungen der augusteischen Politik.

Die Bemühungen Maria Josephas in Prag waren aber umsonst. Am 10. August 1723 bereits ward der Lothringer dem Kaiser vorgestellt; er fand bei Karl VI. Gefallen und siedelte bald nach Wien über als zukünftiger Gemahl Maria Theresias.[2])

Trotzdem wurde das Heiratsprojekt von der sächsischen Politik nicht aufgegeben, es ward noch bis zum Ende der 20er Jahre verfolgt, nicht ohne die politische Haltung Augusts stark zu beeinflussen.

Recht bezeichnend für die augusteische Politik war es, daß,

---

1) Es handelt sich also um den noch nicht 1 Jahr alten Friedrich Christian, den zweiten Sohn des sächsischen Kurprinzen.
2) v. Arneth, Mar. Ther. Bd. 1. S. 9 ff.

während in Prag Maria Josepha den Kaiser mit Freundschaftsversicherungen im Interesse des Heiratsprojektes überhäufte, gleichzeitig der Hof zu Dresden überlegte, ob es nicht besser sei, sich mit Bayern gegen den Kaiser und seine pragmatische Sanktion zu verbünden. Solange das sächsische Heiratsprojekt keinen Erfolg hatte, war es ratsam, sich mit Bayern auf einen möglichst guten Fuß zu stellen, um nach Karls VI. Tode mit ihm im Bunde die karolinischen Prinzessinnen um ihr Erbe zu bringen.

Der Mißerfolg der sächsischen Werbungen zu Prag gab August dem Starken schließlich den letzten Anstoß, mit Bayern in Fühlung zu treten.

Er entsandte den Kammerherrn Grafen Joseph Anton Gabaleon von Wackerbart-Salmour, einen seiner fähigsten Staatsmänner, nach München, um die Pläne des bayerischen Hofes zu erforschen. Nach seiner Instruktion vom 31. Juli 1723[1]) sollte Wackerbart-Salmour die Stellung Bayerns zur pragmatischen Sanktion und zur Wahl eines römischen Königs, von der damals viel die Rede war, festzustellen suchen; im übrigen aber mehr berichten als positive Erklärungen abgeben.

Wenn es auch Wackerbart-Salmour nicht gelang, große Erfolge zu erzielen, so war doch allein schon durch seinen dauernden Aufenthalt in München der erste Schritt getan für ein künftiges Zusammengehen der Kurhäuser Sachsen und Bayern. Dies schien um so notwendiger, als sich das Gerücht verbreitete, der Kaiser wolle auch die Nachfolge im Reich auf das Haus Lothringen fallen lassen.[2]) Unter diesen Umständen waren nicht allein die Erbrechte der josephinischen Töchter, sondern auch die kurfürstlichen Prärogativen durch die Tendenzen der kaiserlichen Politik bedroht.

Obwohl Karl VI. einen jeden der ihm zugeschriebenen antikurfürstlichen Gedanken von sich wies,[3]) verschwand seitdem nie mehr weder bei August dem Starken noch bei Max Emanuel die Furcht vor den vermeintlichen Bestrebungen des Kaisers, seinem künftigen Schwiegersohne die Würde eines römischen Königs zu verschaffen.

Alle diese Momente wiesen Bayern und Sachsen auf ein gemeinsames Vorgehen gegen den Kaiser.

Zunächst jedoch konnten sich beide Kurhäuser nicht recht füreinander erwärmen. Beiderseits fehlte das nötige Vertrauen, da eines das andere im Solde des Kaisers glaubte.

---

1) H. St. A. 3425. Ebenda 2 Kreditive vom 22. Dez. 1723 und 23. Januar 1724. In der Instruktion W.-S.s spielen noch eine Rolle einige Reichstagsangelegenheiten, so die Frage über die sächsischen Stifter und ihre Stellung nach dem Übertritt des Kurprinzen, und einige Differenzen über die Besetzung süddeutscher Bistümer.

2) Brief an den Grafen v. Eberstein. d. d. Dresden, 9. Juni 1723. (Konzept H. St. A. 2872.)

3) Brief Ebersteins. d. d. Bamberg, 17. Juni 1723. (Kopie H. St. A. 2872.)

Erst die veränderte europäische Lage sollte in der Folge beide Mächte einander näher bringen.

Fragen wir an dieser Stelle: War ein dauerndes Zusammengehen von Sachsen und Bayern möglich? Beide Mächte hatten gemeinsame Interessen gegen das Haus Habsburg. — Größer waren aber die Gegensätze zueinander. Diese bestanden in der Rivalität beider Häuser, in den Großmachtsplänen ihrer Häupter. Sowohl August der Starke wie Max Emanuel hofften, nach Karls VI. Tode die deutsche Kaiserkrone und die Führung in Deutschland an ihr Haus zu bringen. Solange beide Dynastien dieses gleiche Ziel verfolgten, war ein dauerndes Einverständnis zwischen ihnen ausgeschlossen. Es konnte sich höchstens um ein zeitweises Zusammengehen gegen Karl VI. und seine Deszendenten handeln. Mit dem Siege über das Haus Habsburg hörten die gemeinsamen Interessen von Sachsen und Bayern auf. Die längst im Keim vorhandenen Gegensätze mußten dann um so wirksamer hervortreten und zu einem Zweikampf führen; dieser ließ sich nur vermeiden, wenn beide Mächte ihre hohen Ziele herabsetzten und sich über die Grenzen ihres Machtzuwachses einigten.

Dies war aber ausgeschlossen, solange beide Dynastien die deutsche Kaiserkrone und die Führung Deutschlands erstrebten.[1])

Alle diese Berechnungen machten es August dem Starken so überaus schwer, zur pragmatischen Sanktion eine klare Stellung zu nehmen. Er befand sich in einem Dilemma, aus dem er nicht den rechten Ausweg finden konnte. Seine von Haus aus zwiespältige Politik wurde dadurch geradezu widerspruchsvoll. Auf der einen Seite sehen wir seinen Kampf gegen die pragmatische Sanktion und den Wunsch, sich mit Bayern gegen den Kaiser zu verbünden, auf der anderen das der pragmatischen Sanktion freundlich gegenüberstehende Heiratsprojekt und die Eifersucht gegen den bayerischen Rivalen. Beide einander ausschließende Tendenzen der augusteischen Politik in ihrer Wirkung und Gegenwirkung verurteilten diese zur Fruchtlosigkeit und brachten ihr, noch mehr als vordem, den Ruf der Unbeständigkeit und Hinterlist, ja der Abenteuerlichkeit und Phantasterei.

In der Mitte der 20er Jahre trat als weiterer, schließlich ausschlaggebender Faktor für Augusts Stellung zur pragmatischen Sanktion die Rücksicht auf die internationale Lage, die damals vor einer völligen Umgestaltung zu stehen schien.

Es setzte damit eine neue Phase ein in der Entwickelung der Stellung Augusts zur pragmatischen Sanktion sowie der sächsischen Politik überhaupt.

---

[1] Über die bayerischen Großmachtspläne siehe K. Th. v. Heigel, Quellen und Abhandlg. z. neueren Gesch. Bayerns. München 1884. Das polit. Testament Max Emanuels von Bayern. S. 259ff.

Kapitel 2.
Die augusteische Politik in der Zeit nach dem ersten Wiener Frieden. (1725—1727.)
[Die Zeit des Abwartens.]

§ 3.

Die unmittelbaren Wirkungen des ersten Wiener Friedens und der Herrenhausener Allianz auf die augusteische Politik.

Als Karl VI. von seiten der Kurhäuser Sachsen und Bayern und der Stände der meisten seiner Territorien seine Erbfolgeordnung anerkannt sah, wandte er sich um ihre Garantie an die übrigen Glieder des deutschen Reichs und an die auswärtigen Mächte.

Damit begann die Stellung zur pragmatischen Sanktion eine viel bedeutendere Rolle als vordem in der Politik der deutschen wie der europäischen Staaten zu spielen. Sie wurde immer mehr eine Frage von internationaler Bedeutung. Es ist daher unmöglich, die Haltung Augusts des Starken zur pragmatischen Sanktion von der Mitte der 20er Jahre ab zu verstehen, ohne die allgemeine sächsische Politik in Betracht zu ziehen.

Deren Grundlage bildete noch immer der Bund mit dem Kaiser und Hannover vom Jahre 1719.[1]) Darin hatte August einen Rückhalt gegen Rußland und Preußen gefunden, die seit dem nordischen Kriege in enger Fühlung zueinander standen, gleichzeitig aber auf seine Feindschaft gegen das Haus Habsburg verzichten müssen. Dem politischen Bündnis zwischen Sachsen und Österreich war damals die eheliche Verbindung beider Häuser gefolgt. Trotzdem war die kaiserlich-sächsische Freundschaft sehr lau geblieben, während sich der Gegensatz zwischen Sachsen und Preußen immer

---

1) L. Bittner, Chronologisches Verzeichnis der österreichischen Staatsverträge. I. Die österreichischen Staatsverträge von 1526—1763. Wien 1905. S. 136. Nr. 720. (Veröffentlichungen der Kommission für neuere Geschichte Österreichs.)

heftiger äußerte, da es nie an Reibungsflächen zwischen beiden Staaten fehlte.

August fürchtete sich vor der preußischen Macht, Friedrich Wilhelm vor der sächsischen Politik. Mißtrauisch beobachtete der Berliner Hof den Dresdener.[1]) Bald hatte er ihn in Verdacht, Intriguen angezettelt zu haben, bald war er empört über Zoll-, Grenz- oder Werbestreitigkeiten. So kam es, daß zeitweise in Friedrich Wilhelm eine tiefe Abneigung gegen August Platz griff. Überall geriet er mit dem sächsischen Rivalen in Kollision; am Rheine wegen der sächsischen Ansprüche auf Jülich und Berg, in Regensburg wegen des kursächsischen Direktoriums des Corpus Evangelicorum, in Polen wegen Augusts Bemühungen, die polnische Krone in seinem Hause erblich zu machen, in Norddeutschland endlich wegen der Führung im obersächsischen Kreis und einer vielgestaltigen politischen und wirtschaftlichen Konkurrenz. Um auf diesen mannigfaltigen Reibungsflächen nicht von Preußen zurückgedrängt zu werden, hatte sich August wider seine politischen Pläne bisher in die Arme Österreichs begeben. Er befand sich dabei in einem Akte der Notwehr und war mehr der politischen Berechnung als dem eigenen Wunsche gefolgt.

Trotz mancher Bemühungen, die Höfe von Dresden und Berlin zu versöhnen, konnten Preußen und Sachsen auf die Dauer in kein gutes Verhältnis kommen. Bisweilen ließ die Spannung zwischen beiden Mächten allerdings nach[2]), bald aber kehrte sie um so heftiger wieder.

Als Ende 1724 August das Thorner Bluturteil vollstrecken ließ, fühlte sich Friedrich Wilhelm in seiner protestantischen Gesinnung tief verletzt. Er nahm eine bedrohliche Haltung ein. Diese wurde noch verstärkt, als August Truppen an der preußischen Grenze zusammenzog, um gegen Preußen die Reichsexekution wegen eines Konfliktes mit der Magdeburgischen Ritterschaft einzuleiten.[3]) Berechnenderweise hatte der Kaiser mit dieser Mission Sachsen betraut, um im Interesse der österreichischen Politik die Rivalität zwischen den Höfen von Berlin und Dresden zu verstärken; das Verhältnis zwischen Sachsen und Preußen wurde dadurch aufs äußerste gespannt.[4])

Da lenkte die allgemeine Weltlage die Aufmerksamkeit beider Teile nach einer anderen Richtung. Am 30. April 1725 schlossen

---

1) Krauske, Die Briefe König Friedrich Wilhelms I. an den Fürsten Leopold zu Anhalt-Dessau 1704—1740. Acta Borussica. Ergänzungsband. Berlin 1906. S. die Äußerungen Friedrich Wilhelms auf S. 144, 145, 149.
2) So 1723, als Flemming zwischen dem Kaiser u. Preußen vermittelte. (Droysen. Bd. 4, 2. S. 342—45; Krauske. S. 223.)
3) Droysen. Bd. 4, 2. S. 886.
4) Ebda. u. Krauske. S. 280 ff.

Spanien und der Kaiser unerwartet den sog. ersten Wiener Frieden.[1]) Niemand wußte, wie lange nun der Friede noch währen würde. Jeden Augenblick konnte ein allgemeiner Weltkrieg entbrennen; denn es war kaum anzunehmen, daß Frankreich und die Seemächte einer solchen Verstärkung der kaiserlichen Macht ruhig zusehen würden. August befand sich in einer peinlichen Lage. Er war nicht geneigt, sich auf einen langwierigen Krieg, wie er bevorzustehen schien, einzulassen. Sowohl Sachsen wie Polen bedurften noch dringend der Erholung nach den schweren Verlusten im nordischen Kriege. Schon im Vorjahre, als der Kongreß von Cambray eine friedliche Verständigung der Mächte anzubahnen sich bemüht hatte, waren August und seine diplomatischen Vertreter an den auswärtigen Höfen für die Aufrechterhaltung des europäischen Friedens eingetreten und hatten — allerdings vergeblich — ihre Vermittlung angeboten.[2])

August erstrebte damals mehr denn je die Erhaltung des Friedens. An diesem Ziele glaubte er auch ferner festhalten zu müssen. Er hatte keinen Grund, sich durch irgend welche Parteinahme zu binden. England-Hannover trat Kursachsen auf dem deutschen Reichstage hemmend entgegen; Frankreich war August in Polen gefährlich, seitdem die französische Politik für Ludwig XV. die Tochter des Exkönigs Stanislas Leszczynski als Gemahlin auserkoren hatte.

Ebensowenig Sympathien hatte August für den Kaiser und Spanien. Er scheute sich, dem Wiener Frieden beizutreten, besonders weil in dessen 12. Artikel Spanien die Garantie der pragmatischen Sanktion übernommen hatte. Abgesehen von dem Risiko, das er auf sich nahm, wenn es zum Kriege kommen würde, mußten seine geheimen Pläne gegen das Haus Habsburg ihn von einem Anschluß an den Kaiser abhalten.

August hielt es daher für das Ratsamste, sich keiner der

---

1) Der Kaiser hatte sich bis dahin noch immer offiziell als König von Spanien betrachtet und mit Philipp V. noch keinen Frieden geschlossen. Neben dem Frieden wurden damals noch ein Defensivbündnis und ein Handels- und Schiffahrtsvertrag abgeschlossen, letzterer am 1. Mai. — Karl VI. erkannte Philipp V. als König von Spanien an gegen Übernahme der Garantie der pragmatischen Sanktion durch Spanien. Dieser wichtigste Punkt ist bei Immich, S. 260 übersehen. S. auch Bittner, S. 142. Nr. 750, 751, 752.
2) Memoire de S. E. M. le Feld. Marechal Comte de Flemming pour servir d'Information aux Ministres destinés aux cours Etrangeres. H. St. A. 3425, (Inst.) Es heißt dort: „Nos principes sont pacifiques tant par rapport à la Saxe en particulier qu'à la Pologne et à l'Empire. En general nous aimons que tout l'Empire soit en Paix et en repos; ce qui se voit par l'accomodement, que nous avons fait entre l'Empereur et le Roy de Prusse; et le Roy ne manquera pas de s'appliquer à tranquilliser toute l'Europe, si l'occasion s'en presente."

großen Mächte anzuschließen, sondern vorläufig abzuwarten, bis sich die internationale Lage klären und die übrigen deutschen Fürsten Stellung zu den europäischen Mächten nehmen würden.[1]) Doch die Dinge kamen anders, als er dachte.

Der kaiserliche Hof warb eifrig um Bundesgenossen. Seine Blicke richteten sich natürlicherweise zuerst auf den sächsischen Verwandten, Freund und Nachbar. Karl VI. ließ kurz vor Augusts Abreise nach Polen durch seinen Bevollmächtigten, den Grafen von Wratislaw, in Dresden ein Handschreiben vom 21. Juli sowie eine Abschrift des Friedenstraktates mit Spanien überreichen. Kursachsen wurde darin zum Beitritt zum Wiener Frieden aufgefordert. Der kaiserliche Minister erklärte, es handle sich ja nur um eine Wiederholung dessen, was der sächsische Hof bereits 1719 in den Renunziationen ausgesprochen habe, um eine erneute Garantie der pragmatischen Sanktion; der Kaiser erwarte daher einen bedingungslosen Beitritt Augusts.[2])

Der augusteische Hof war dadurch in eine heikle Lage geraten und genötigt, früher als er gedacht hatte, in seinem Verhalten zur pragmatischen Sanktion Farbe zu bekennen.

Er war entschlossen, die kaiserliche Forderung zurückzuweisen, wenn ihm nicht ganz besondere Vergünstigungen gewährt würden, so vor allem ein Eingehen auf sein Heiratsprojekt. Im Gegensatze dazu empfahlen die Rücksichten auf Polen sowie die internationale Lage einen Anschluß an den Kaiser. Die sächsische Regierung durfte sich deshalb gegen den kaiserlichen Wunsch nicht direkt ablehnend verhalten.

August schlug, wie zu erwarten war, einen Mittelweg ein. Er verschob die Entscheidung auf spätere Tage. Er ging zwar auf Verhandlungen ein, zog diese aber in die Länge. Sie wurden in Dresden und Warschau von Flemming bez. Mannteuffel mit Wratislaw, in Wien von Terras mit Sinzendorff geführt.[3])

Die sächsischen Minister bestanden vor jeder entscheidenden Erklärung auf der Mitteilung der Geheim- und Separatartikel des Friedens mit Spanien und der bayerischen Renunziationen und Ehepakten, sowie auf Übermittelung eines offiziellen Einladungsschreibens König Philipps V., das August zum Beitritt zum Wiener Frieden auffordern sollte, und einer Notifizierung desselben

---

1) Ein Aufsatz Flemmings vom 13. Juni 1725 über die europäische Lage und das Verhältnis zu Kaiser und Papst bespricht sehr eingehend die Stellung Augusts zu den einzelnen Mächten; er kommt zu dem Ergebnis: 'Enfin si nous ne prennons point de parti, nous nous exposons à être mangés de l'un et de l'autre parti. Ainsi il faudra se préparer à faire un choix, car de n'être d'aucun parti, ce seroit encore pis'. Trotzdem entschied sich August für keine Partei, wie sich noch zeigen wird. (H. St. A. 3304.)
2) H. St. A. 2902. (Inst.)
3) Ebda.

von seiner Thronbesteigung, da August mit ihm in keinem Verkehr und Briefwechsel stehe.¹)

Hatten die sächsischen Diplomaten hierüber befriedigende Erklärungen erhalten, dann erst wollten sie in die eigentlichen Verhandlungen eintreten. Hierbei gedachten sie als Äquivalent für Augusts Beitritt zum Wiener Frieden zunächst folgende Gegenforderungen zu stellen,²) die wir hier aufzählen müssen, da sie in der Folge immer wiederkehren:

1. Erledigung der sächsischen Beschwerden beim Reichshofrat und der böhmischen Kanzlei gegen die Häuser Schönburg und Stollberg, die sich der kursächsischen Landeshoheit zu entziehen suchten,³) und Verzicht des Kaisers auf die Oberlehnsherrlichkeit der Krone Böhmens über den Besitz beider Häuser in Kursachsen.

2. Zutritt Augusts zu den fränkischen Kreistagen kraft der ihm gehörenden Teile der Grafschaft Henneberg und Förderung der Ansprüche Kursachsens auf die hanauischen Lehen.⁴)

3. Unterstützung Sachsens in Regensburg gegen die Bestrebungen der Protestanten, ihm den Besitz seiner säkularisierten Bistümer abzusprechen.

Kaiserlicherseits ging man auf die sächsischen Vorbedingungen, soweit dies möglich war, sofort ein. Wratislaw sowohl wie Sinzendorff versprachen, eine offizielle Einladung Spaniens an Sachsen und die Mitteilung der bayerischen Ehepakten und Renunziationen zu veranlassen.⁵)

Große Schwierigkeiten machte aber die Verständigung über die Mitteilung der Geheim- und Separatartikel; hinter ihnen witterte die augusteische Politik Heiratsabkommen über die kaiserlichen Töchter, und nicht mit Unrecht, wie sich bald zeigen sollte.⁶) Das sächsische Heiratsprojekt war also arg gefährdet.

Als Terras in Wien diese Frage anschnitt, kam es zu einem heftigen Auftritt mit Sinzendorff.

Der kaiserliche Minister wollte die ganze Angelegenheit möglichst rasch erledigen; er ließ sich nicht auf die sächsischen Wünsche ein und verlangte eine bündige Erklärung über Augusts Haltung zum Wiener Frieden.⁷)

Terras andrerseits bestand immer wieder auf der Mitteilung der Geheim- und Separatartikel, bis Sinzendorf, darüber empört, in

---

1) Mannteuffel an Terras. d. d. Dresden, 9. Aug. u. 10. Aug. 1725. (Kopie H. St. A. 2902. Inst.)
2) Ebda.
3) Gretschel-Bülau, Geschichte des sächsischen Volkes und Staates. Bd. III. Leipzig 1853. S. 46 ff.
4) Ebda. S. 44.
5) H. St. A. 2902. (Inst.)
6) Terras an Mannteuffel. d. d. Wien, 29. Aug. 1725. (Kopie H. St. A. 2902. Inst.)
7) Ebda.

barschem Tone mit scheinbarer Gleichgültigkeit antwortete: „Wenn der König (August) nicht beitreten will, so mag er es bleiben lassen."[1]
— Doch um Terras nicht völlig vor den Kopf zu stoßen, lenkte Sinzendorf bald wieder etwas ein. Er versicherte auf sein Ehrenwort, es gäbe keine Geheimartikel, noch irgend welche Abmachung, die August verheimlicht werde; alle Gerüchte über die Verheiratung der karolinischen Töchter enthielten „wenig Sicheres, im Grunde aber stünde es doch dem Kaiser frei, seine Töchter, mit wem er wolle, zu verheiraten und wäre es selbst mit dem Großtürken".[2]

Die Tatsache, daß der kaiserliche Hof nur so ungern von den Geheimartikeln sprach, und das „wenig Sichere", was Sinzendorf den Gerüchten über die Verheiratung der karolinischen Töchter zusprach, bestärkten die sächsische Regierung in ihren Vermutungen, daß es sich um ein geheimes Heiratsabkommen mit Spanien handle. Sie sah schon das Gespenst einer bourbonischen Universalmonarchie aufsteigen und dadurch alle ihre Anschläge auf das habsburgische Erbe zu nichte werden.

Nicht minder ablehnend verhielt sich die kaiserliche Politik, als die sächsischen Diplomaten mit den eigentlichen Forderungen Augusts, den Differenzen mit den Schönburgen usw. hervortraten. Terras erfuhr wiederum eine scharfe Zurückweisung durch Sinzendorf, der ihm vorwarf, die sächsischen Wünsche seien höchst unklar, sie würfen Staats- und Zivilsachen durcheinander und vermengten internationale Fragen mit Reichsangelegenheiten; am Ende sei es gar nötig, den Reichsverband aufzulösen.[3]

Unter diesen Umständen hielt es Terras für richtig, sich zurückzuziehen und eine günstigere Gelegenheit für weitere Verhandlungen abzuwarten.

Währenddem verbreitete sich in Wien das Gerücht, August habe Wratislaw positive Versicherungen über seinen Beitritt zum Wiener Frieden gegeben. Entsetzt berichtete Terras nach Warschau, man spräche schon in den Cafés davon.[4] Das Gerücht beruhte auf einer Mitteilung des Grafen Wratislaw aus Warschau. Wahrscheinlich hatte dort August in zweideutiger Weise, wie er es liebte, von seiner Geneigtheit gesprochen, dem Wiener Frieden beizutreten; daraus hatte nun der kaiserliche Hof für sich Kapital zu schlagen gesucht, indem er die Aussagen des sächsischen Kurfürstenkönigs in seinem Sinne deutete und von dem Beitritt Sachsens zum Wiener Frieden wie von einer nahezu vollendeten Tatsache sprach.

So geringfügig auch dieser Zwischenfall sein mochte, er trug dazu bei, August und seine Politik in Mißkredit zu bringen. Daß man sächsischerseits auf keinen Fall geneigt war, ohne weiteres dem

---

1) Ebda.
2) Ebda.
3) Ebda.
4) Ebda. Postscriptum.

Wiener Frieden beizutreten, beweist uns die ganze Stimmung, in der sich die sächsischen Politiker damals befanden.[1])
Unter ihnen hatte eine tiefe Verbitterung gegen das Haus Habsburg Platz gegriffen, vor allem, weil sie das Heiratsprojekt und damit die sächsischen Großmachtspläne erschüttert sahen, wenn spanische Prinzen die kaiserlichen Töchter heirateten.[2])
Aus dieser Stimmung heraus erhielten die Ansprüche Maria Josephas neues Leben. Ging das österreichische Erbe wirklich in bourbonische Hände über, dann konnte das Kurhaus Wettin vielleicht kraft der Erbrechte Maria Josephas und durch die Gunst der Weltlage doch noch zu dem Ziele gelangen, das es bisher vergeblich mit Hilfe des Heiratsprojektes erstrebt hatte.
Diese Erwägungen trieben den sächsischen Hof an, die Erbrechte Maria Josephas genau festzustellen. Dies geschah durch den Geh. Rat in einem längeren Schriftstück, das einem Berichte vom 31. August 1725 beigelegt war.[3]) In ihm wurde zum ersten Male auf Grund des Paktums von 1703, der Vorrang der josephinischen Töchter in der Erbfolge vor den leopoldinischen wie karolinischen in klarer juristischer Deduktion festgestellt.[4]) Damit wollte der augusteische Hof später seine Ansprüche auf das Erbe Karls VI. staatsrechtlich begründen, wenn sein Heiratsprojekt definitiv gescheitert wäre; es

---

1) Über die verlangte Garantie der pragm. Sanktion durch den Beitritt zum Wiener Frieden schreibt Flemming am 3. August aus Dresden an Terras. (Kopie H. St. A. 2872.) „Si l'Empereur pouroit craindre que les mesures qu'il a prises avec nous et avec la Baviere ne fussent pas suffisantes, il auroit mieux fait de ne point marier les Archiduchesses Josephines. Si l'Empereur croit les mésures, qu'il a prises, suffisantes, pourquoi recourir à demander des garanties d'autres puissances? par ou il rend luy meme les ‚choses les plus seures' douteuses."
2) Bericht von Terras, d. d. Wien, 11. Juli 1725. Es heißt dort u. a.: 'Comme Madame la Princesse Royale est substituée aux filles de l'Empereur, il n'est pas indifferent à V. M., quels seront les Epoux de ses filles et toute sorte de prince ne convient pas egalement aux interets de V. M. Avec un Prince faible on peut se promettre quelque chose, soit qu'on eut envie de traiter les renonciations suivant la mode établie aujourdhui, soit qu'on voulut patiemment attendre le cas des substitutions: avec un puissant Prince, tel que seroit Don Carlos, ou tel autre Prince d'Espagne que ce soit, je crois qu'il seroit bien difficile d'arracher quelque chose de la succession de la Maison d'Autriche, tombée une fois entre ses mains; peut etre pourroit il arriver le cas, ou pour gagner la Maison de Saxe on offriroit de lui faire ses convenances; mais le refus d'acceder à la garantie qu'on demande, n'expose point V. M. a perdre les avantages contingents de ce peutetre. Un des Princes, petit fils de V. M., mettroit fin à tous les embarras et reuniroit tous les Princes sans exception à la garantie en question; mais il semble, qu'on ait bien d'autres pensées icy.' (Kopie H. St. A. 2872.)
3) H. St. A. 3304.
4) Die Argumentation stützt sich im wesentlichen auf die am Anfang des ersten Kapitels gegebene, den Ansprüchen der josephinischen Töchter zu gute kommende Interpretation des Paktums, ohne doch außer acht zu lassen, was sich dagegen einwenden läßt.

war so ein weiterer bedeutungsvoller Schritt gegen den Kaiser und die pragmatische Sanktion getan worden.

Wesentlicher als alle staatsrechtlichen Deduktionen über die Ansprüche Kursachsens war aber damals für August den Starken die Haltung der deutschen Fürsten und unter ihnen besonders des bayerischen Kurfürsten. Trat dieser dem Wiener Frieden bei, so konnte der Kaiser mit um so größerem Nachdrucke einen gleichen Schritt von August dem Starken verlangen; handelte es sich doch in beiden Fällen, wie sich der Wiener Hof ausdrückte, nur um eine Wiederholung dessen, was beide Kurhäuser in den Renunziationen von 1719 und 1722 bereits ausgesprochen hatten.

In richtiger Erkenntnis seiner Lage hatte August der Starke daher Wackerbart-Salmour aus München nach Sachsen zurückberufen,[1]) um ihm noch vor der für den Anfang des Herbstes 1725 geplanten Reise nach Polen die nötigen Instruktionen zu geben. In Dresden orientierte sich Wackerbart-Salmour über die Absichten der augusteischen Politik und empfing den unmittelbaren Eindruck, den die Übergabe des kaiserlichen Briefes vom 21. Juli 1725 auf den sächsichen Hof machte.

Eingeweiht in alle Pläne, wurde er dann wieder nach München entlassen mit dem Auftrage, den bayerischen Hof über seine Stellung zum Wiener Frieden und der pragmatischen Sanktion auszuhorchen. Zunächst sollte er festzustellen suchen, ob auch Max Emanuel ein Einladungsschreiben zum Beitritt zum Wiener Frieden erhalten habe, und dann, gleichviel ob dies der Fall wäre oder nicht, dem kurbayerischen Hofe das kaiserliche Schreiben vom 21. Juli 1725 mitteilen, und „desselben Gedanken darüber vernehmen, weil man gedachtes Schreiben bis dahin nicht beantworten würde".[2])

Wir sehen hieraus, daß die augusteische Politik bemüht war, auf keinen Fall die Fühlung mit Bayern zu verlieren, um nicht isoliert bei der neuen Gruppierung der Mächte dazustehen, die allmählich festere Formen anzunehmen begann.

Schon die ersten Unterredungen, die Wackerbart-Salmour in München Mitte September 1725 mit Unertl und dem Kurfürsten persönlich hatte, verrieten eine wenig kaiserfreundliche Stimmung des bayerischen Hofes. Gleich zu Beginn der Verhandlungen drückte Unertl sein Verwundern aus über die Maßnahmen des Kaisers, der zwar Bayern noch nicht förmlich zum Beitritt zum Wiener Frieden eingeladen, aber doch nach Andeutungen gegen den bayerischen Gesandten in Wien, Franz Hannibal Freiherrn von Mörmann, einen solchen Schritt in Aussicht gestellt habe, der durch Entsendung eines besonderen Gesandten nach München erfolgen sollte.[3])

---

1) Kabinettsorder d. d. Dresden, 9. Juli 1725. H. St. A. 3426. Vol. I.
2) Pro Memoria für W.-S. H. St. A. 3425. (Inst.)
3) Relation W.-S. d. d. München, 19. Sept. 1725. H. St. A. 3426. Vol. I.

Als Wackerbart-Salmour daraufhin weiter sondierte, erhielt er von Unertl die bündige Erklärung, daß Max Emanuel ebenso wie August auf keinen Fall sich über seinen Beitritt zum Wiener Frieden vor der Mitteilung der Geheim- und Separatartikel entscheiden wolle.[1]) Als er endlich dann noch das kaiserliche Schreiben vom 21. Juli mitteilte, bekam er von den geheimsten Plänen der bayerischen Politik zu hören. Wenn auch Unertl diese nach Diplomatensitte als seine eigenen Gedanken vorbrachte, so war doch kaum an ihrer Authentizität zu zweifeln. Wackerbart-Salmour erfuhr, daß Bayern ebenso wie Sachsen zwischen den Parteien schwankte und, was vor allem für die Zukunft wichtig war, sich mit der Absicht trug, die Renunziationen außer acht zu lassen und Ansprüche auf das habsburgische Erbe zu erheben. Doch gedachte man bayerischerseits letztere weniger mit den Erbrechten Maria Amalias zu begründen als vielmehr mit alten Familienrechten der Wittelsbacher auf einzelne österreichische Territorien. Da sich unter diesen auch die italienischen, ehemals spanischen Reichslehen befanden, wurde die antikaiserliche Stimmung des Münchener Hofes noch verstärkt, weil gerade damals Karl VI. für deren Eroberung die Hilfe des Reiches begehrt hatte. Unertl beklagte sich, in bitteren Worten seinem Herzen Luft machend, über die Römermonate zur Wiedererlangung der italienischen Reichslehen, die dann sicherlich vom Kaiser irgend einem fremden Herrscher, aber ja keinem Reichsfürsten gegeben würden. Nicht minder entrüstet war er über die dem Kaiser zugesprochenen Absichten, seinem Erben die Nachfolge im Reiche zu sichern.[2])

1) Ebda.
2) Ebda. heißt es über den Wiener Frieden: „Ne pourroit-il (Karl VI.) pas, me dit-il (Unertl) y avoir specifié la nomination d'un Successeur non seulement aux etats hereditaires de la maison d'Autriche, mais aussi à l'Empire? Car si pour complaire à l'Empereur, on entroit à taton dans ses engagemens, qui tendroient peutetre à favoriser le Prince Don Carlos, ou quelque autre Prince Catholique, pendant que les Electeurs de Hannovre et de Brandenbourg auroient envie de faire alterner la dignité Imperiale par voye d'election tantôt dans une famille Catholique et tantôt dans une protestante; ne courroit on pas risque par ces engagemens prematurés de se trouver impliqué dans une guerre contre les Princes Protestants de l'Empire." — (Die Gedanken eines alternierenden Kaisertums unter den deutschen Fürsten finden sich auch bei August dem Starken. (Haake, H. Z. 87. S 13.)) — Über die Möglichkeit eines Bruches der Renunziationen berichtet W.-S.: „Les maisons de Saxe et de Baviere à l'occassion des mariages des deux Archiduchesses respectives ont, il est vray, du renoncer aux droits qui auroient pu appartenir aux susdits Archiduchesses (Maria Josepha und Maria Amalia) de succeder aux Etats de l'Empereur plustôt que les Filles de Sa Majesté Imperiale, mais ces maisons ont conservés jura propria et antiqua familiae. Par exemple croyés vous, me dit-il (Unertl), que le Roy, Votre Maitre, ait renoncé à ses droits sur la Boheme et sur la Silesie? Supposé qu'il en eut quelqu'uns. Croyés-vous, que la Baviere ait renoncé pareillement à ses droits particuliers? Non certainement. Outre cela, poursuivit-il, tous les Etats de l'Empereur n'ont pas eu le meme ordre et les memes loix fondamentales

Die Aussagen Unertls wurden Wackerbart-Salmour in seinen Unterredungen mit dem Kurfürsten bestätigt. Anfangs fand er bei diesem nicht das rechte Vertrauen, da sich Max Emanuel aus Eifersucht gegen Sachsen in die Vermutung versteift hatte, August der Starke habe Absicht und Aussicht, die Hand Maria Theresias oder wenigstens einer der jüngeren karolinischen Töchter für einen seiner Enkel zu erhalten.[1])

Doch die beruhigenden Versicherungen Wackerbart-Salmours schwächten damals allmählich den Argwohn des bayerischen Kurfürsten. Max Emanuel betonte die Notwendigkeit eines Zusammengehens von Sachsen und Bayern zur Wahrung der kurfürstlichen Rechte und der Grundgesetze des Reiches gegen die dynastischen Bestrebungen des Kaisers zugunsten seiner Erben, mochten sie nun Lothringer oder Spanier sein.[2]) In jenen Tagen leidenschaftlicher Erregung und tiefer Verbitterung gegen den Kaiser überwand er auf kurze Zeit sein Mißtrauen gegen die sächsische Politik, so daß ein Bund zwischen Bayern und Sachsen nicht mehr allzu ferne zu liegen schien. Unter dem Drucke der politischen Lage wollte Max Emanuel seinem siegreichen Rivalen bei der Bewerbung um die polnische Krone die Hand zum Bündnis reichen. Dieses sollte dazu beitragen, die Macht des bayerischen Kurhauses zu erhöhen, das, gedeckt durch Frankreich, sich auf Kosten Österreichs eine führende Stellung in Deutschland erwerben wollte. Im Interesse seiner Großmachtspläne ließ Max Emanuel die sächsisch-bayerische Rivalität auf kurze Zeit außer acht. Er dachte daran, Sachsen für seine Großmachtspläne als dienendes Glied zu benutzen, das mit helfen sollte,

---

de Succession. L'on sait aussi que l'Empereur Joseph est mort abintestato: que l'Empereur Charles luy a succedé tanquam heres Leopoldi, mais c'est a savoir, si les Princesses de Pologne et de Baviare n'avoient pas droit de succeder aux Etats conquis par leur Pere et aux autres fiefs feminins, tout de meme qu'Elles ont eu droit de heriter et on [t] herité en effet suppellectilem et pretiosa de l'Empereur defunt." — W.-S. schließt seinen Bericht: „Par ce langage (von Unertl) Votre Majesté discernera mieux que moy que la maison de Baviere auroit souhaité que l'Empereur l'eut preferée à Don Carlos dans la Succession aux Etats de Florence, et qu'Elle n'a point renoncé à ses anciens droits sur la Haute Autriche, sur le Tirol, sur la Carinthie et sur plusieurs autres etats, qui luy ont une fois appartenu, et qui sont presentement sous la domination de l'Empereur."
1) Relation W.-S. d. d. München, 29. Sept. 1725. H. St. A. 3426. Vol. I. Daß man bayerischerseits sich gern um die Hand einer der kaiserlichen Töchter bemüht hätte, beweist folg. Passus ebenda: „Enfin, ajoutat-il (Max Emanuel), si le Prince Electorale, mon Fils, avoit un jeune Prince à peu près du meme age, que l'est le petit Fils du Roy Votre Maitre, je crois que nous nous retrouverions de nouveau en competence à Vienne pour leur procurer à l'envie l'un de l'autre une Archiduchesse en mariage; — mais si votre Cour ne visoit point à ce mariage, et n'avoit pas pri[s] son parti là dessus, il seroit trés necessaire et il conviendroit aux deux Maisons de s'entendre cordialement et de prendre incessament des messures pour l'avenir".
2) Ebda.

die österreichische Monarchie zu zertrümmern, um dann nach getanem Werke als Lohn vielleicht einige benachbarte österreichische Provinzen zu erhalten.[1])

Die gleichen Hoffnungen jedoch mit verwechselten Rollen knüpfte August der Starke an einen etwaigen Bund mit Max Emanuel. Bayern sollte bei der Begründung der wettinischen Großmacht nach Karls VI. Tod mittätig sein und vielleicht als Trinkgeld einige benachbarte Kronländer der Habsburger erhalten, aber nie zur führenden Macht in Deutschland erhoben werden.

Diese gegenseitige Rivalität tat auch in der Folge ihr Werk, um Sachsen und Bayern, die im September 1725 unter dem unmittelbaren Drucke der europäischen Lage sich zusammen zu finden schienen, wieder zu trennen.

Während die sächsische Politik in Erwartung künftiger Ereignisse, unsicher tastend, in München und Wien ihre Fäden zu spinnen begonnen hatte, war inzwischen die internationale Lage zu völliger Klarheit gelangt. Frankreich, England und Preußen hatten auf den Wiener Frieden mit der Herrenhausener Allianz geantwortet. Diese sollte ein weiteres Umsichgreifen des kaiserlichen Einflusses verhindern.

Durch diese Kombination der Mächte war die Stellung Augusts sowohl in Deutschland wie in Polen wesentlich ungünstiger geworden. Hannover und Preußen waren seine gefährlichsten Rivalen in Deutschland. Es war ferner der Allianz ein leichtes, wieder Stanislas Leszczynski auf den polnischen Königsthron zu erheben.

Diese Erwägungen mußten August dem kaiserlichen Lager näher bringen, als er eigentlich wollte. Für den Kaiser aber wurde, weil Preußen sich auf die Gegenpartei gestellt hatte, die Freundschaft Augusts um so begehrenswerter.

Karl VI. suchte daher erneut, den sächsischen Hof zum Beitritt zum Wiener Frieden zu bewegen. In seinem Auftrage überreichte Wratislaw am 26. Sept. 1725 zu Warschau ein Memoire, in dem die Vorteile, die August vom Anschluß an den Kaiser haben würde, zusammengestellt waren.[2])

Die kaiserliche Staatskunst kam mit kluger Berechnung einerseits den Wünschen Augusts entgegen. Sie versprach, Augusts Interessen in allem, soweit es das Reich zuließe, gleich den ihrigen zu achten

---

[1] Näheres über Max Emanuels hochfliegende Pläne in 2 Briefen an seinen Sohn d. d. Schleisheim, 3. Okt. 1725 und d. d. München, 29. Okt. 1725. Der bayerische Kurprinz weilte damals in Paris anläßlich der Hochzeit Ludwigs XV. und sollte einen Bund mit Frankreich vorbereiten. M. E. berichtet in beiden Briefen über seine Verhandlungen mit W.-S. Seine Angaben decken sich völlig mit denen des sächsischen Ministers in dessen Relationen. Heigel, Quellen und Abhandlungen zur neueren Gesch. Bayerns. München 1884, VI. Das politische Testament Max Emanuels von Bayern 1725, besonders S. 268 und 262a.

[2] H. St. A. 2902. (Inst.)

und zu befördern. Gleichzeitig kündigte sie die gewünschte Mitteilung der bayerischen Ehepakten und Renunziationen an. Andrerseits aber bemühte sie sich, August zu einem raschen Entschluß anzuspornen, indem sie ihm Angst vor den kaiserlichen Gegnern einzuflößen suchte. Er müsse begreifen, daß es nicht mehr Zeit sei, sich mit Einwendungen aufzuhalten. Der Endzweck der Allianz von Hannover sei die Zertrümmerung Polens, zu der Preußen für die Subsidien Frankreichs und Englands und gegen die Abtretung eines Stückes polnischen Gebietes seine Machtmittel zur Verfügung stellen würde [1]).

Waren diese kaiserlichen Ausführungen auch nur als Druckmittel zu betrachten, um August gefügig zu machen, so läßt sich ihnen doch nicht alle Begründung absprechen. Tatsächlich hatten die Alliierten von Herrenhausen in ihren Vertrag Bestimmungen zur Aufrechterhaltung des Friedens von Oliva und zum Schutze der Protestanten in Polen aufgenommen, um in Zukunft ähnliche Ereignisse wie das Thorner Blutbad zu verhüten;[2]) sie hatten sich damit das Recht usurpiert, jederzeit in die polnischen Verhältnisse eingreifen zu können.

Die Bemühungen Wratislaws waren trotzdem erfolglos. Die sächsischen Politiker bestanden nach wie vor auf der Mitteilung der Geheim- und Separatartikel zum Wiener Frieden und den sonstigen schon mehrfach erwähnten Vorbedingungen für die Einleitung weiterer Verhandlungen, soweit auf diese im kaiserlichen Memoire nicht eingegangen war.

Auch die Drohung mit den polenfeindlichen Tendenzen der Hannoverschen Allianz verfehlte die beabsichtigte Wirkung. August erkannte wohl, daß dieses Bündnis sich in erster Linie gegen den Kaiser richtete. Er antwortete dementsprechend: es sei sehr unsicher, ob desselben Endzweck eigentlich auf eine Zertrümmerung des Königreichs Polen, oder noch auf anderweit aussehende Dinge gerichtet sei. Er verlange nichts als die Wahrung der althergebrachten Rechte des Hauses Sachsen, wie sie die alten Verfassungen und Reichsgrundgesetze mit sich brächten.[3]) Er meinte damit die Erledigung der Beschwerden beim Reichshofrat, die Terras in Wien vergeblich zur Sprache zu bringen versucht hatte.

Alle diese Entgegnungen auf das kaiserliche Memoire wurden, schriftlich fixiert, Wratislaw in einer königlichen Resolution vom 29. September 1725 übergeben.

---

1) Ebenda heißt es: „Daß der Endzweck dieser Allianz hauptsächlich auf Pohlen und deßen Zertrümmerung gerichtet seyn; worzu wir (der Kaiser) die Nachrichten mitbrächten, Preußen die Völker, diesem aber Engelland 50/m ℔. St. und Frankreich 100/m ℔. Livres Subsidien Gelder dargeboten und über das noch ein Stück Landes von Pohlen zu überlassen vorhätten."
2) Im ersten Separatartikel. (Rousset, Recueil historique d'actes, negociations etc. . . depuis la paix d'Utrecht etc. II. à la Haye 1728. S. 189 ff.)
3) Kgl. Resolution d. d. Warschau, 29. Sept. 1725. H. St. A. 2902. (Inst.)

Die Folge war, daß der Wiener Hof den sächsischen Forderungen wieder ein klein wenig entgegenkam. Dem Kaiser lag gerade damals ein rascher Abschluß mit August so sehr am Herzen, da er nach dem Bündnis mit Sachsen sofort Wratislaw nach Petersburg schicken wollte, um die noch unentschiedene russische Kaiserin auf seine Seite zu ziehen. Für den Bund mit Rußland war es für ihn wichtig, wenn er schon August für sich gewonnen hatte.

Der Kaiser ließ daher endlich die vielverlangten Kopien der bayerischen Renunziationen dem augusteischen Hofe überreichen. Von den übrigen sächsischen Forderungen kam, abgesehen von den Beschwerden gegen den Reichshofrat, die sich doch nicht durch einen einmaligen Akt beseitigen ließen, und den zeremoniellen Bedenken gegen den spanischen König, ernstlich nur noch die Mitteilung der Geheim- und Separatartikel in Betracht. Diese waren aber damals noch nicht abgeschlossen.[1]) Wratislaw konnte daher mit ruhigem Gewissen versichern, der Kaiser habe mit Spanien kein Heiratsabkommen, sondern nur eine Defensivallianz abgeschlossen, die zur Zeit noch geheim gehalten, August aber mitgeteilt würde, wenn er dem Wiener Frieden wirklich beitreten wolle. Um diese Eröffnungen dem sächsischen Hofe glaubhaft zu machen, wies Wratislaw seine auf die Resolution Augusts vom 29. September erhaltene Order vor, die sich inhaltlich mit seinen mündlichen Ausführungen deckte.[2]) Und um endlich auch noch den formellen Bedenken der sächsischen Regierung betreffend Spanien zu genügen, überreichte Anfang November, noch kurz vor seiner Abreise nach Petersburg, Wratislaw ein den sächsischen Wünschen Rechnung tragendes Promemoria.[3]) Diesem war ein Billet des spanischen Botschafters in Wien an Sinzendorf beigelegt. Der kaiserliche Minister wurde darin ersucht, der sächsischen Gesandtschaft mitzuteilen, der König von Spanien wünsche, daß August zum Beitritt zum Wiener Frieden eingeladen werde.

Damit war äußerlich der Kaiser allen Forderungen Augusts nachgekommen. Wratislaw stellte der sächsischen Regierung nun ein Ultimatum. Wenn August jetzt noch mit seinem Beitritt zum Wiener Frieden anhalte, so werde der Kaiser glauben müssen, August meine es nicht so aufrichtig mit dem Wiener Hofe, wie dieser mit dem augusteischen und dessen Interessen. Der spanische Bevollmächtigte in Wien sei bereit, die Beitrittserklärung Augusts entgegenzunehmen; der Kaiser zweifle nicht, August werde die so annehmliche Gelegenheit, den Weg zu anderweitigen ihm vorteilhaften Vorhaben, unbedenklich ergreifen und sich selbst zu nutze machen wollen.

August wurde hierdurch zu einer klaren Äußerung über sein Verhalten zum Wiener Frieden gezwungen. Er entschied sich zu

---

1) Die Heiratsabkommen wurden erst in einem Geheimvertrag vom 5. Nov. 1725 getroffen. Bittner, S. 143 Nr. 760.
2) H. St. A. 2902. (Inst.)
3) Ebda.

ungunsten des Kaisers. Als Vorwand für sein ablehnendes Verhalten mußte die Form der spanischen Aufforderung zum Beitritt zum Wiener Frieden gelten. Die sächsischen Staatsmänner erwiderten Wratislaw, ein an einen kaiserlichen Minister gerichtetes Schreiben eines spanischen Gesandten, der allein am kaiserlichen Hofe beglaubigt sei, könne unmöglich als ein formelles Einladungsschreiben des spanischen Königs gelten, zumal da dieser schlechten Erfolg haben würde, August zum Beitritt zum Wiener Frieden aufzufordern, bevor er seine Thronbesteigung notifiziert habe. Endlich verdiene eine Angelegenheit von solcher Bedeutung, wie die Haltung zum Wiener Frieden, daß man darüber mehr als einmal nachdächte.[1])

Diese Aussagen mußten Wratislaw zur Genüge erkennen lassen, welche Gesinnung August gegen den Kaiser hegte. Der kaiserliche Minister begab sich bald darauf unverrichteter Sache nach Rußland, um dort für die kaiserliche Partei zu werben.

Die sächsischen Forderungen waren nur Ausflüchte gewesen und in momentaner Verlegenheit als erste Bedingungen einer Verständigung gegen den kaiserlichen Hof geäußert worden. August wollte seine Bundesgenossenschaft auf so billige Weise, wie der Wiener Hof gern gewünscht hätte, nicht verkaufen. Er wollte erst erfahren, was die Gegenpartei bieten würde, und schließlich auch die Haltung Bayerns abwarten; denn noch immer behauptete der Münchener Hof, keine Aufforderung des Kaisers zum Beitritt zum Wiener Frieden erhalten zu haben.

Der sächsische Hof war dadurch stutzig geworden; er befürchtete, Bayern sei nicht offen gegen Sachsen, weil es vom Kaiser besonders günstige Anerbietungen erhalten habe. Dieser Argwohn verstärkte sich noch, als seit Ende Oktober die bayerischen Staatsmänner zurückhaltender als vordem gegen Wackerbart-Salmour wurden, obwohl dieser zur Herstellung des nötigen Vertrauens im Auftrage seiner Regierung Bericht über die Verhandlungen Augusts mit Wratislaw an der Hand der einschlägigen Dokumente erstattete.[2])

Damals hatte die Zurückhaltung des bayerischen Hofes ihren Grund in Erwartungen, die an den aus Wien angekündigten Aufenthalt des Grafen Königsegg in München geknüpft wurden; doch diese führten zu einer Enttäuschung, da Königsegg nur kam, um den Münchener Hof auszuhorchen, aber nicht um positive Anerbietungen zu machen.[3])

Nach dieser Episode wurden die Verhandlungen mit Wackerbart-Salmour ungestört weiter geführt. Dabei erkannten beide Seiten

---

1) H. St. A. 2902. (Inst.)

2) Relation W.-S. d. d. München, 20. Okt. 1725. (H. St. A. 3426. Vol. I.)

3) Aug. Rosenlehner, Kurfürst Karl Philipp von der Pfalz und die jülichsche Frage 1725—1729. München 1906. S. 86/87.

immer mehr die Notwendigkeit eines Zusammengehens.[1]) Solange keiner von beiden Teilen sich für eine der europäischen Parteien entschieden hatte, mußten beide sich möglichst fest zusammen schließen.

Trotz aller kaiserfeindlichen Tendenzen waren aber weder Max Emanuel noch August der Starke fest entschlossen, mit dem Kaiser zu brechen; ja sie hätten sich gern mit ihm gegen gewisse Zugeständnisse verbunden; diese sollten beiderseits in der Verheiratung Maria Theresias mit einem sächsischen, beziehentlich einem bayerischen Prinzen gipfeln, obwohl letzterer noch gar nicht geboren war.[2])

Wir sehen also auch hier, wie durch die gemeinsamen Interessen von Sachsen und Bayern überall wieder die in den Verhältnissen liegende natürliche Rivalität durchschimmerte, trotz aller mühevollen Versuche, sie künstlich zu übertünchen.

§ 4.
Die Haltung der augusteischen Politik zu den europäischen Parteien.
Neutralität und Vermittelungspläne.

Die Herrenhausener Allianz hatte August dem Starken einen erneuten Ansporn gegeben, Stellung zu den europäischen Parteien zu nehmen. Die Entscheidung fiel erst nach langen Beratungen im November 1725 zu Warschau.

Deren Grundlage hatte eine weitläufige Denkschrift Flemmings gebildet.[3]) Diese stellte in klarer Weise die Ziele der augusteischen Politik fest und wog Vorteile und Nachteile auf beiden Seiten genau ab; drei mögliche Haltungen konnte August einnehmen, je nachdem er sich einer der beiden Ligen anschloß oder neutral blieb.

Auf seiten der kaiserlichen Partei konnte August hoffen, in Polen einen Rückhalt gegen die Umtriebe Stanislas Leszczynskis zu

---

1) Heigel, Q. u. A. S. 259aff. u. H. St. A. 3303. Precis du Plan des affaires aux deux Ligues. d. d. Warschau, 5. Nov. 1725. „Par rapport à la Cour de Baviére que nous tachions de porter cette Cour à s'expliquer d'avantage sur ses vues. Que nous Luy fassions connoitre que nous sommes de meme sentiment avec elle, de ne pas nous presser d'acceder au Traité de Vienne, et que Nous envoyons un Ministre à la Cour de Vienne, et que Nous renvoyons à Hanovre celuy que nous y avons eu deja, et que nous continuerons d'en agir confidemment avec Elle dans ces affaires."

2) Aug. Rosenlehner, München und Wien 1525—1526. München 1906. Forschungen zur Geschichte Bayerns. XIV. 1./3. Heft. S. 92.

3) Gutachten über die politische Lage. d. d. Warschau, 26. Okt 1725. H. St. A. 3303. Ein Teil gedruckt bei v. Zwiedineck-Südenhorst, Die Anerkennung der pragmatischen Sanktion Karls VI. durch das deutsche Reich. 1895. Mitt. des Inst. f. ö. Geschichtsforsch. XVI. S. 284/285.

erhalten und leichter einer Thronfolge seines Sohnes vorarbeiten zu können. In Deutschland kam ihm die Freundschaft der Wiener Alliierten zu statten in dem Kampf um das Direktorium des Corpus Evangelicorum, in den Ansprüchen auf Jülich und endlich in den Differenzen mit den Häusern Schönburg und Stollberg. Dazu trat vielleicht noch die Aussicht, beim Kaiser eine Entschädigung für die wettinischen Ansprüche auf Neapel herauszuschlagen und durch Verwirklichung des sächsischen Heiratsprojektes an der Erbfolge in den habsburgischen Ländern teilzunehmen.

Diesen gewiß verlockenden, doch wohl kaum erfüllbaren Hoffnungen im Bunde mit dem Kaiser standen ebenso schwere Bedenken gegenüber. Karl VI. hatte bisher nur Mächte an der Peripherie Europas gewonnen. Sachsen war daher wegen seiner zentralen Lage besonders den kaiserlichen Gegnern ausgesetzt. Ferner lief August Gefahr, der schwächeren Partei anzugehören, wenn nicht andere, auf Preußen und Hannover eifersüchtige Reichsfürsten sich dem Kaiser anschlossen. Im Bunde mit den katholischen Mächten war er endlich den Angriffen der Protestanten preisgegeben, die leicht seine Stellung in Sachsen erschüttern konnten, und schließlich auch genötigt, die pragmatische Sanktion zu garantieren. Letzteres war August äußerst unangenehm. Er hätte seinen Plänen gegen das Haus Habsburg eine zweite Fessel anlegen müssen. „Sub ferula Imperatoris" wäre ihm jede selbständige Politik unterbunden worden. Er hätte sich ferner selbst den Weg versperrt, mit der Liga von Hannover in Verbindung zu treten, wenn diese den Kampf gegen den Kaiser begann.

Weniger Opfer schien ein Anschluß an die Herrenhausener Alliierten zu erfordern. Mit ihnen im Bunde hatte August gegebenenfalls die mächtigere angreifende Partei hinter sich. Durch die Freundschaft mit Frankreich bot sich die Möglichkeit, den Umtrieben der Leszczynskischen Partei in Polen den Boden zu entziehen, durch die mit England-Hannover und Preußen Sachsens Stellung als protestantische Macht zu rehabilitieren. Am meisten aber verlockte zu einem Beitritt zur Hannoverschen Liga die Erwartung, mit ihrer Hilfe bei des Kaisers Tode an der österreichischen Erbfolge teilzunehmen und bei einer etwaigen Teilung Polens zugezogen zu werden.

Doch auch diese von Flemming konstruierten Vorteile auf seiten der Herrenhausener Alliierten hatten ihre Schattenseiten. August mußte unter diesen Voraussetzungen in Polen mit dem Widerstand der kaiserlichen und russischen Partei rechnen, sowie sich auf den Verlust der Vorteile gefaßt machen, die er von Rom und der katholischen Kirche erhoffte, ohne doch völlig die alte Position Kursachsens als führende Macht des Protestantismus in Deutschland wiedererlangen zu können.

Alles dies gab zu denken. Dazu mußte noch mit der Veränderlichkeit der politischen Lage gerechnet werden. Es war leicht möglich, daß das unnatürliche Bündnis zwischen dem Kaiser und Spanien gesprengt wurde und die alten Bundesgenossen, England und der Kaiser sowie Spanien und Frankreich sich wiederum zusammenfanden.

Die Gefahren auf beiden Seiten und die Veränderlichkeit der internationalen Verhältnisse wiesen daher auf die dritte mögliche Stellungnahme zu den schwebenden Fragen, auf Neutralität.

Diese war nach Flemmings Gutachten am Platze, so lange beide europäische Parteien den Frieden wahrten. Kam es aber zum Kriege, so waren die Kräfte Augusts des Starken zu schwach, um seine Neutralität aufrecht erhalten zu können; er lief Gefahr, von beiden Gegnern über den Haufen geworfen zu werden. Im Kriegsfalle hätte August der Starke, infolge seiner Neutralität zu ohnmächtigem Zuschauen verurteilt, weder Aussicht gehabt, seinem Sohne die Thronfolge in Polen zu sichern, noch seine Pläne gegen die pragmatische Sanktion zu fördern.

Nicht ohne politischen Scharfblick erkannte Flemming, daß dieser dritte Weg, so empfehlenswert er auch in ruhigen Zeiten sein mochte, im Kriegsfall am gefahrvollsten war; er betonte daher am Schlusse seines Aufsatzes, daß es sogar besser sei, auf seiten der unglücklichen Partei zu stehen, als neutral zu bleiben; gewinne die Partei, so gewinne man mit, habe man Unglück, so habe man wenigstens Leidensgefährten und brauche sich weniger Vorwürfe zu machen, als wenn man infolge der Neutralität von beiden Parteien vergewaltigt werde.[1])

Diese Gedanken Flemmings über die politische Lage wurden in der Folge für die augusteische Politik maßgebend.

Anfang November 1725 kam der augusteische Hof zu dem Entschluß, zunächst eine abwartende Haltung einzunehmen, in der Hoffnung, daß die bestehende Kombination der Mächte nicht von langer Dauer sein würde. Er wollte zu beiden Parteien gute Beziehungen unterhalten, so lange sie in der Defensive blieben, und, wenn es zur Offensive kommen sollte, zu vermitteln suchen. So gedachte die augusteische Staatskunst, beide Parteien zur Förderung ihrer Interessen auszunutzen und gleichzeitig Europa zu befrieden.[2])

---

1) Ebda: „Quand meme l'on choisiroit le parti malheureux, il y a moins d'inconvenients, que de n'en prendre aucun; car apres avoir fait ce qu'on a pu pour se sauver, si l'on doit perir, l'on perit au moins en forme, sans avoir rien à se reprocher, et l'on a des compagnons de malheur, ce qui ne sert pas d'une petite consolation."

2) Precis du Plan des affaires aux deux Ligues. d. d. Warschau, 5. Nov. 1725. Es heißt dort: „1. Que dans des conjonctures si épineuses et si delicates que celles d'à present, l'on ne sauroit encore se determiner à quelle des deux Ligues il nous convient de nous joindre. 2. Que le meilleur seroit de nous concilier la confiance et l'affection de l'un et de

Dieses Programm zeigt wiederum in einem neuen Lichte das heiße Verlangen Augusts, eine bedeutungsvolle europäische Rolle zu spielen. Da ihm die Kräfte fehlten, um auf Grund seiner Macht wirklichen Einfluß auf die Gestaltung der europäischen Verhältnisse auszuüben, wollte er die fehlenden Mittel durch diplomatische Bemühungen ersetzen; doch vergeblich, wie sich bald zeigen sollte. Die Neutralität zu wahren, so lange der Frieden anhielt, hieß von da ab das Leitmotiv der augusteischen Politik. Auf diese Weise erhielt sich August die Freiheit der Entschließung, diese dünkte ihm besonders wertvoll für den Fall, daß das bestehende europäische Gleichgewicht durch eine neue Gruppierung der Mächte gestört würde. Verschoben sich aber die internationalen Verhältnisse nicht, so war eine uneingeschränkte Neutralität keineswegs empfehlenswert, wenn Sachsen-Polen nicht völlig aus dem europäischen Staatensystem ausgeschaltet werden sollte. Auf Grund dieser Erkenntnis kamen die augusteischen Politiker[1]) dahin überein, andere Maßregeln zu ergreifen, wenn die bestehende Kombination der Mächte von Dauer sein sollte.

In diesem Falle wollte August erstens mit Wissen des Kaisers unter den nötigen Klauseln dem Vertrag von Herrenhausen beitreten und zweitens unter Zustimmung der Hannoverschen Alliierten den 12. Artikel des Wiener Friedens unterzeichnen, d. h. die pragmatische Sanktion anerkennen.[2])

So glaubte die augusteische Staatskunst, sich vor Vergewaltigungen von beiden Parteien die nötigen Sicherheiten verschaffen zu können. Doch sie wollte nicht bloß Sicherheit, sondern auch Gewinn. Als Lohn wünschte sie vom Kaiser am liebsten die Hand einer der kaiserlichen Prinzessinnen, von der Liga die Garantie, daß sie nichts wider das Haus Wettin in Polen unternehmen würde. Hatte die sächsische Politik mit diesem Plane Erfolg, so waren

---

l'autre parti et de tacher, pendant qu'ils restent dans la deffensive, qu'ils aggréent notre entremise, tant par rapport à la Paix de Westphalie, que par rapport à l'affaire d'Ostende, et à celle de Bremen et Verden. Et que si les choses devenoient offensives, que nous tachions d'avoir la Mediation. Et que cette entremise ou Mediation nous mettroit en etat de porter l'un et l'autre parti à avancer nos interêts." (H. St. A. 3303.)

1) Leiter der äußeren sächsischen Politik waren damals Flemming und Mannteuffel. Zu ihnen war 1725 noch der Piemontese Marquis Wicardel de Fleury getreten, ein Verwandter des Ministers Grafen von Lagnasco. Neben diesen standen noch die beiden Assessoren des Geh. Kabinetts Reichsfreiherr von Gaultier und Johann Anton Thioly, die uns noch öfters begegnen werden. Über ihre Personalien vergl. Sahrer von Sahr, Heinrich d. H. R. R. Graf von Bünau a. d. H. Seußlitz usw. 1. Bd. 1869. S. 171 ff. u. 179 ff. (Anm. 202 u. 211); über die Fleurys ebenda S. 164 ff. (Anm. 196)

2) Précis (H. St. A. 3303) und ebenda: „Resultat des deliberations des Ministres du Cabinet sur le parti à prendre par rapport aux Traitez de Vienne el de Hannovre." d. d. Warschau, 13. Nov. 1725, z. T. gedr. Mitt. d. Inst. XVI. S. 285.

alle Interessen Augusts gewahrt, ohne daß er sich bestimmt einer Partei verpflichtet hätte.

An diesem politischen Programm hielt August auch in den folgenden Jahren fest. Die Schlagworte seiner Politik lauteten von da ab: Vermittelung zwischen den europäischen Parteien durch Neutralität oder durch ein Bündnis mit jeder von beiden Ligen. Nur auf diese Weise glaubte er, die beiden Hauptziele seiner Politik — Sicherung der Thronfolge in Polen und Teilnahme an der habsburgischen Erbschaft — gleichzeitig verfolgen zu können.

Machen wir hier einen Augenblick Halt, so werden wir sagen müssen: Das eben skizzierte Programm der sächsischen Politik war ein verwegener Versuch Augusts des Starken, die Fäden der europäischen Politik in seine Hand zu bekommen, um möglichst alle Vorteile aus der politischen Lage zu ziehen, ein Versuch, der an dem Zuviel der Pläne und Hoffnungen scheitern musste, da diesen die materiellen Grundlagen fehlten, der aber gerade deswegen typisch für die augusteische Politik ist.

Während man in Dresden und Warschau sich in phantastischen Konstruktionen des zukünftigen europäischen Staatensystems gefiel ohne Rücksicht auf das Erreichbare, konzentrierte Friedrich Wilhelm alle eigenen Kräfte und schmiedete so die Waffen für die künftige preußische Großmacht. Es war verhängnisvoll für die augusteische Politik, daß sie allzu sehr auf politischen Situationen baute und über den „politischen Träumereien" das Handeln vergaß. So kam es, daß die Dinge meist anders verliefen, als sich die augusteische Politik gedacht hatte. Das sollte sich auch diesmal zeigen.

Unberührt von Augusts Verhalten zu den europäischen Parteien blieb seine Stellung zu Max Emanuel, der, wie wir gesehen haben, ebenso wie sein königlicher Mitkurfürst, zu einer Politik des Abwartens und der Neutralität neigte. Ihn traf erst sehr spät die offizielle Einladung des Kaisers zum Beitritt zum Wiener Frieden. Sie erging erst unterm 24. November 1725 an ihn, gleichzeitig auch an Kurpfalz und Kurtrier.[1])

Im Interesse des Zusammengehens von Sachsen und Bayern teilte Unertl Wackerbart-Salmour das kaiserliche Einladungsschreiben und die Punkte mit, die Mörmann in Wien dagegen betonen sollte. Es ließ sich daraus erneut erkennen, daß Bayern vor allem Zeit gewinnen und bis zur Entscheidung mit beiden europäischen Parteien in Fühlung bleiben wollte.[2])

Die Haltung Bayerns konnte August dem Starken nur willkommen sein. Es war leicht möglich, daß die übrigen wittels-

---

1) Rosenlehner, S. 87.
2) Relation W.-S. d. d. München, 8. Dez. 1725. (H. St. A. 3426.) — Rosenlehner, S. 107.

bachischen Kurfürsten sich Max Emanuel anschließen und eine beachtenswerte Neutralitätspartei gründen würden, die auch Augusts Plänen zugute kommen mußte.

Diese Hoffnungen erwiesen sich aber als trügerisch. Bereits am 14. Dezember 1725 teilte Karl Philipp von der Pfalz dem bayerischen Kurfürsten seinen beabsichtigten Beitritt zur Wiener Allianz mit.[1]) Es war anzunehmen, daß ihm sein Bruder, der Kurfürst Franz Ludwig von Trier, bald folgen würde. Trotzdem hätten noch Sachsen, Bayern und Köln eine nicht zu verachtende Neutralitätspartei im Reiche bilden können. Die Aussicht dazu schien nicht schlecht. Am 27. Dezember teilte Max Emanuel dem Kaiser als Antwort auf das Schreiben vom 24. November in ablehnendem Sinne mit, er wolle sich an die Renunziationen und die Bestimmungen der Friedensschlüsse von Rastatt und Utrecht halten.[2])

Doch wir dürfen hierbei nicht vergessen, daß Max Emanuel doppeltes Spiel trieb. Den kaiserfeindlichen Tendenzen des Briefes vom 27. Dezember entsprach die Instruktion für Mörmann vom 29. Dezember sehr wenig; diese ließ immer noch die Tür zur Verständigung mit dem Kaiser offen gegen entsprechende Zugeständnisse und unter diesen nicht zuletzt die Vermählung einer kaiserlichen Prinzessin mit dem noch zu gebärenden Sohne des Kurprinzen.[3])

Dieselbe Doppelzüngigkeit und Unentschlossenheit zeigte die bayerische Politik auch gegen August. Erst Ende Januar teilte Unertl die Antwort Max Emanuels auf das kaiserliche Einladungsschreiben Wackerbart-Salmour mit. Dabei verlieh er seinem Mißtrauen gegen Sachsen offen Ausdruck. Besonders bedenklich erschien ihm die geplante Sendung des sächsischen Kabinettsministers Marquis von Fleury nach Wien; er vermutete, dieser wolle den Beitritt Augusts zum Wiener Frieden vollziehen.

Ähnliche Vermutungen knüpfte aber auch Wackerbart-Salmour an das Verhalten Mörmanns in Wien, da dieser dort gleichzeitig mit den kaiserlichen Ministern und den englischen und französischen Gesandten, St. Saphorin und Duc de Richelieu, verhandelte. Der sächsische Gesandte fürchtete, Bayerns traurige Finanzverhältnisse und die Gefahr, im Kriegsfall unrettbar Österreich preisgegeben zu sein, würden Max Emanuel zum Anschluß an den Kaiser bestimmen. So ließ das gegenseitige Mißtrauen und die gegenseitige Rivalität Sachsen und Bayern in ihrer jungen Freundschaft nicht recht warm werden, als ihr der Tod Max Emanuels am 26. Februar 1726 ein rasches Ende bereitete.

Dessen Folge war ein Personal- und bald auch Systemwechsel am Münchener Hof. Die antikaiserliche Partei hatte mit Max

---

1) Rosenlehner, S. 89.
2) Rosenlehner, S. 107.
3) Rosenlehner, Forsch. S. 92, 94.

Emanuels Tod einen schweren Schlag erlitten, August der Starke bei der damaligen Lage den einzig möglichen Bundesgenossen verloren. Er stand nunmehr völlig isoliert zwischen den europäischen Parteien. Es fragte sich nun, wie sich diese zu seinen Vermittelungsplänen verhalten würden?

Nach langen Vorbereitungen hatten endlich die Gesandten für die Höfe von London und Wien aus Warschau unterm 11. Dezember 1725 im Sinne des festgesetzten Programms die nötigen Instruktionen erhalten.[1])

Mit der Geschäftsführung in London war der dortige außerordentliche Gesandte, Geheimer Kriegsrat Le Cocq, betraut worden.

Besonderen Wert hatte August auf die Sendung nach Wien gelegt. Zu dieser war wider Erwarten der eben erst in seine Dienste getretene Marquis Wicardel de Fleury auserkoren worden. Wegen dessen hoher Stellung — er war Kabinettsminister — vermuteten die fremden Diplomaten allseitig, er werde in Wien die geheimsten und wichtigsten Abmachungen treffen und voraussichtlich den Beitritt Augusts zum Wiener Frieden vollziehen. Sie täuschten sich hierin aber völlig.

Weder mit einem klaren „Ja" noch mit einem entschiedenen „Nein" sollte Fleury auf die Frage, ob August dem Wiener Frieden beitreten wolle, antworten. August sei zwar nicht abgeneigt, sich der Allianz mit Spanien anzuschließen, er wolle aber noch einige Zeit warten und zuvor die Eröffnungen des Kaisers entgegennehmen. Diese sollten sich zunächst auf die Mitteilung der Geheim- und Separatartikel des Wiener Friedens erstrecken. Wenn diese erfolgt wäre, sollte Fleury auf der Erledigung der schon vielfach erwähnten Beschwerden Augusts beim Reichshofrat bestehen und das Heiratsprojekt betreiben.[2]) Endlich sollte er zum Schlusse noch dem Wiener Hofe klar machen, wie gut es wäre, wenn August nur dem 12. Artikel des Wiener Friedens und zwar mit Wissen der Liga von Hannover und deren Allianztraktat, soweit er defensiv sei, mit Wissen des Kaisers beiträte und darauf zu vermitteln suchte.

---

1) H. St. A. 2902. (Inst.)

2) Ebda. „IX. l'Empereur d'aujourdhui avoit donné à Sa Majesté l'esperance d'avantager ses interêts, qu'il dependroit de Luy; Qu'ainsi Elle se flattoit toujours d'en voir l'effet, et s'assuroit que Sa Majté Imple l'effectuerait par l'engagement d'un futur mariage entre une des Archi-Ducheßes de l'Empereur et l'ainé des petits fils du Roy. Que sa Majté ne pouvoit même pas cacher à l'Empereur, qu'Elle se flattoit d'obtenir l'Archi-Ducheße ainée et de voir preferé en cela l'ainée de ses petit-fils au Prince de Lorraine; Que, si cependant Sa Majté Imple, comme il en court le bruit, vouloit marier Sa Fille ainée à Don Carlos, Elle pourroit donner la puisnée au fils ainé du Prince Royal et auroit encore à disposer d'une troisième." Um dem Kaiserhof das sächsische Heiratsprojekt empfehlenswert zu machen, war Fleury das darauf bezügliche, bereits erwähnte Memoire für die Kurprinzessin vom Jahre 1723 mitgegeben worden.

Im Grunde wollte also August die kaiserliche Erbfolgeordnung erneut anerkennen gegen ein Eingehen auf so ziemlich alle ihm am Herzen liegenden Wünsche und insbesondere auf sein Heiratsprojekt,[1]) das neue Ansprüche auf das habsburgische Erbe bringen sollte, die sich mehr als die Maria Josephas mit den Bestimmungen der pragmatischen Sanktion vertrugen. Ohne sich irgendwie bestimmt verpflichten zu wollen, verlangte August gerade zu der Zeit, wo der Kaiser seiner am meisten bedurfte, eine Befriedigung aller seiner Forderungen. Es war vorauszusehen, daß der Wiener Hof auf sie wegen ihrer Maßlosigkeit auf keinen Fall eingehen würde.

Dies mochte wohl auch der sächsische Hof selbst empfunden haben; er entwarf daher unterm 9. Februar 1726 für Fleury noch eine geheime Instruktion, die im Interesse des Heiratsprojektes dem Kaiser weit mehr entgegen kam. August erklärte sich darin zu einer Offensiv- und Defensivallianz bereit, wenn der Kaiser eine seiner Töchter mit einem sächsischen Prinzen verheiraten wolle. Durch diese Eheverbindung hoffte er, einen Teil der kaiserlichen Erbländer Sachsen anzugliedern. Die Voraussetzung hierfür war eine Teilung der österreichischen Monarchie. Für diese sollte nun Fleury den Kaiser zu gewinnen suchen, indem er sich direkt und persönlich, ohne die Minister zuzuziehen, an ihn wandte und ungefähr folgende Gründe, die eine Teilung empfehlenswert machten, hervorhob: Alle kaiserlichen Länder in einer Hand würden den Krieg heraufbeschwören. Es wäre daher am besten, wenn der Kaiser seine Länder unter seine Töchter verteile und von diesen wenigstens eine mit einem sächsischen Prinzen vermähle. Sachsen sei nachher mächtig genug, die Kaiserwürde zu behaupten und im stande, wirksam das Interesse der katholischen Religion zu fördern. Eine Eheverbindung der Häuser Habsburg und Wettin allein garantiere den Frieden Europas, da Frankreich gegen eine Vermählung der kaiserlichen Prinzessinnen mit lothringischen, alle Mächte aber gegen eine solche mit spanischen Prinzen Einspruch erheben würden.

Obwohl diese Anpreisung des sächsischen Heiratsprojektes als Mittel zur Erhaltung der Ruhe in Europa papieren blieb und von Fleury in Wien nicht geäußert wurde, erkennen wir doch aus ihr, wie unsicher sich die sächsische Politik zwischen den europäischen Mächten fühlte. Sie hätte sich gern dem Kaiser angeschlossen, wenn dieser ihren Großmachtsplänen entgegen gekommen wäre. Da dies nicht geschah, buhlte sie um die Gunst beider Parteien, ohne Farbe zu bekennen, um als selbständiger europäischer Machtfaktor zu erscheinen. Um aber faktisch das Zünglein an der Wage

---

1) Ebda. X... „que, par un tel engagement nouveau, et par un lien de sang plus étroit l'Empereur aßureroit les dispositions de sa succeßion d'autant plus fortament qu'elles le sont deja, par les renonciations, que les maisons de Saxe et de Baviere ont faites."
2) H. St. A. 2902. (Inst.)

damals abzugeben, war die Macht Augusts des Starken viel zu gering, wie sich bald zeigen sollte.

Am 3. März 1726 kam Fleury in Wien an. Gleich zu Beginn seiner Mission stieß er auf allerlei Hemmnisse. Große Eröffnungen erwartete man von ihm; er aber blieb stumm und erklärte sich gemäß seiner Instruktion zu weiter nichts bereit, als die kaiserlichen Vorschläge entgegenzunehmen. Die Folge davon war, daß die kaiserlichen Minister Fleury einfach beiseite liegen ließen. Sie hatten eine klare Äußerung über Augusts Haltung zum Wiener Frieden verlangt, waren aber mit leeren Redensarten abgespeist worden. Es schien ihnen daher augenblicklich ratsamer, um nicht unnötige Zeit zu verlieren, die Unterredungen mit Fleury ins Stocken geraten zu lassen.

Erschwerend auf einen gedeihlichen Fortgang der Verhandlungen zu Wien wirkte auch die Tatsache, daß Fleury seinen Aufgaben gar nicht gewachsen war. Er, ein heißblütiger italienischer Greis, der deutschen Sprache nicht, der französischen wenig mächtig, unvertraut mit den deutschen Verhältnissen, stieß überall an, auch bei den fremden Diplomaten. Oft brachte er seine Wünsche zur unpassenden Zeit vor, bald an den falschen Mann, bald in unrechter Form. Wohl kaum hätte August der Starke eine ungeeignetere Person für eine Sendung von solcher Bedeutung finden können.

Es war unter diesen Umständen dem Wiener Hof nicht zu verdenken, wenn er Fleury ganz aus dem Spiele ließ und sich lieber unmittelbar an August wandte. Dies geschah durch den Grafen Wratislaw.

Dieser hatte schon Ende Februar in Warschau mit Flemming mehrere Unterredungen gehabt. Flemming war den Sondierungsversuchen des kaiserlichen Ministers über Augusts Stellung zum Wiener Frieden vorsichtig aus dem Wege gegangen und hatte immer auf Fleurys Sendung verwiesen. Zunächst müsse das „Quomodo" in Bezug auf den Beitritt zum Wiener Frieden und dann erst das „An" beantwortet werden. Um über das „Quomodo" Aufschlüsse zu erhalten, sei Fleury nach Wien gesandt worden.[1] Mit diesen Erklärungen hatte sich Wratislaw einstweilen beruhigt.

Als ihn aber aus Wien die Nachricht traf, daß die Verhandlungen mit Fleury kaum zu einem Ergebnis führen würden und er sich daher direkt an den sächsischen Hof wenden solle, entschloß er sich, energisch vorzugehen. Er verlangte von der sächsischen Regierung, sie solle Fleury Vollmacht zum Abschluß der Beitrittserklärung zum Wiener Frieden geben.[2] Als dies nicht geschah, brach auch er die Verhandlungen ab.

---

1) H. St. A. 2902. (Inst.)
2) Ebda.

Es war damit das Vermittlungsprojekt Augusts ebenso wie sein Versuch, sich mit dem Kaiser wirklich zu verbünden, erfolglos geblieben, ohne daß es der sächsischen Diplomatie gelungen war, über ihre Pläne überhaupt in Verhandlungen zu treten. Die augusteische Politik in Wien war gescheitert an dem zielbewußten Vorgehen des Kaisers, der eine klare Parteinahme verlangte und sich nicht auf Kompromisse, wie sie August vorschwebten, einlassen wollte, und der nicht gewillt war, auf seine Kosten Sachsen hochkommen zu lassen.

Ebensowenig waren England und Frankreich auf die augusteischen Vermittlungsgedanken eingegangen; beide Mächte hatten sich aber nicht so schroff ablehnend wie der Kaiser verhalten. Sie hatten wenigstens die sächsischen Vorschläge angehört und einige schmeichelhafte, wenn auch bedeutungslose Bemerkungen daran geknüpft. Besonders in Paris war man dem sächsischen Gesandten, dem Grafen v. Hoym, sehr höflich entgegengekommen, als er Augusts Wünsche vorbrachte.

Der Kardinal Frejus hatte emphatisch versichert, August könne auf Frankreich zählen, er solle nur auf den eingeschlagenen Bahnen weiterschreiten und sich weder für die Gegenwart noch für die Zukunft die Hände binden.[1]) Dies bedeutete aber noch lange kein Eingehen auf die sächsischen Vermittlungspläne; es war eine Schmeichelei, die im Interesse Frankreichs August vom Anschluß an den Wiener Hof abhalten sollte; trotzdem maß ihr die sächsische Politik mehr Wert bei, als sie verdiente; sie sah darin das erste Anzeichen für ein Gelingen ihrer Vermittlungspläne. Diese mußten nur noch, da sie in ihrer bisherigen Form keinen Erfolg gezeitigt hatten, in ein anderes Gewand gekleidet werden, um sich recht entfalten zu können.

Mit Rücksicht hierauf trug August durch Reskript vom 12. April 1726[2]) seinen Räten und Ministern auf, Gutachten über die politische Lage anzufertigen. Auf deren Grund erließ er am 4. Mai eine Resolution,[3]) die im wesentlichen an den im Herbst 1725 aufgestellten Zielen festhielt, aber einen anderen Weg zu deren Erreichung ins Auge faßte.

Hatte August bisher sowohl der Allianz von Wien wie der von Herrenhausen mit den nötigen Einschränkungen und mit jedesmaligem Wissen der Gegenpartei beitreten wollen, so entschloß er sich jetzt, diesen Gedanken aufzugeben. Dennoch wollte er vorsichtig bestrebt sein, es mit keiner Partei zu verderben, um weiter Vermittlungspolitik treiben zu können. Dies sollte nunmehr auf folgende komplizierte Weise geschehen.

Den Wiener Hof gedachte August zu befriedigen, indem er betonte, er könne wegen Spanien dem Wiener Frieden nicht bei-

---

1) Relation Hoyms. d. d. Paris, 28. März 1725. (Kopie H. St. A. 2902. Inst.)
2) H. St. A. 3303.
3) Ebda.

treten; er wünsche aber zum Beweis seiner kaiserfreundlichen Gesinnung einen Sondervertrag mit Karl VI. und sei bereit, zu erklären, sich der Liga von Hannover nicht anzuschließen.

Entsprechend hoffte er, die Gunst Englands zu erlangen durch Äußerung der Absicht, sich mit ihm allein zu verbünden, da er wegen Preußen und Frankreich der Liga von Hannover nicht beitreten könne, und durch die Versicherung, dem Wiener Frieden nicht beizutreten.

Daneben wünschte August gleichzeitig, sich gegen Frankreich als die einzige Macht aufzuspielen, deren Hände noch völlig frei wären, um eine Versöhnung Ludwigs XV. mit dem Kaiser und Spanien anzubahnen.

Statt mit einer von beiden Ligen wollte sich die sächsische Politik nun mit den einzelnen Mächten in Verbindung setzen, die diese bildeten. Auf diese Weise schien sich die Möglichkeit zu bieten, die Vorteile beider Ligen gleichzeitig zu genießen, ohne sich zum Vasallen dieser oder jener zu erniedrigen.[1]) Es war damit das Spiel nach mehreren Fronten von neuem anerkannt, wenn auch in modifizierter Form; man hatte dem alten Programm nur einen neuen Aufdruck gegeben.

Die Resolution vom 4. Mai 1726 war ein erneutes Zeugnis der Großmachtspläne Augusts des Starken, die wegen ihrer schwachen Stützen unfruchtbar bleiben mußten, die aber aufzugeben, August sich nicht entschließen konnte, trotz aller trüben Erfahrungen und trotz der drohenden Gefahr, völlig isoliert im europäischen Staatensystem dazustehen.

Auch der Tod Max Emanuels hatte August den Starken nicht von den betretenen Bahnen abhalten können. Obwohl sich immer mehr herausstellte, daß der Münchener Hof mit der alten Politik der Neutralität und des Schwankens zu brechen begann, hielt August an ihr unerschüttert noch jahrelang fest.

Er suchte den jungen Kurfürsten von Bayern in das Kielwasser seiner Politik zu leiten; doch vergeblich. Man versicherte zwar Wackerbart-Salmour in München, Karl Albert werde am System seines Vaters festhalten.[2]) Was hatte dies aber zu bedeuten, da alle Maßnahmen der bayerischen Regierung dem widersprachen? — Unertl wurde aus seiner dominierenden Stellung verdrängt. An seine Stelle trat Graf Törring, mit dem Wackerbart-Salmour die Verhandlungen nochmals von vorn beginnen mußte.[3])

---

1) „Du reste il s'en va sans dire qu'il faut songer à nous procurer auẞi en nôtre particulier de l'avantage par l'entremise, tout comme par l'une ou l'autre accession. Par l'entremise nous en avons à esperer de deux Ligues, au lieu que par l'accession à l'un ou l'autre Traité nous ne pouvons espérer de l'avantage que du parti auquel nous accederons." (H. St. A. 3303. Resolution vom 4. Mai 1726.)

2) Relation W.-S. d. d. München, 13. März 1726. (H. St. A. 3426. Vol. II.)

3) Ebda.

Alle Versuche des sächsischen Ministers, ein festeres Verhältnis zwischen Sachsen und Bayern herzustellen, schlugen fehl. Mörmann bereitete in Wien schon den Anschluß an den Kaiser vor.[1]) Die ohnehin nicht starke Neigung Karl Alberts für die Hannoversche Allianz wegen ihres „lutherischen Beigeschmacks" ward überwunden durch die Rücksicht auf die Bedürfnisse Bayerns[2]), die damals einen Anschluß an den Kaiser erheischten. Die Warnungen des Kölners und das Beispiel des Pfälzers, der bereits mit dem Kaiser über das „Quomodo" des Beitritts zum Wiener Frieden verhandelte, trieben schließlich Karl Albert endgültig ins kaiserliche Lager. Törring ward daher immer zurückhaltender gegen Wackerbart-Salmour. Im April 1726 gab er dem sächsischen Minister zu verstehen, daß es sich zwischen Sachsen und Bayern nur um eine Assoziation pro forma handeln könne.[3]) Als dann noch Anfang Mai Sinzendorf aus Wien kam, um vor Karl Albert das übliche Trauerkompliment abzulegen, gelang es ihm, den Anschluß sowohl Bayerns wie Kölns, die damals Hand in Hand gingen, so gut wie sicher zu stellen.[4])

Nebenbei benutzte Sinzendorf seinen Aufenthalt in München, um die mit Kursachsen völlig ins Stocken geratenen Verhandlungen zu beleben. Wir erkennen daraus, daß dem Kaiser die Haltung Augusts doch nicht so gleichgültig war, wie es nach dem raschen Abbruch der Verhandlungen mit Fleury erscheinen mochte. Der Kaiser brauchte Sachsen, so lange er Preußen nicht auf seiner Seite hatte. Sinzendorf suchte daher auf dem ungewöhnlichen Wege über München, sich Sachsen wieder etwas zu nähern, um es ins kaiserliche Lager herüberzuziehen. Nach bewährtem Rezepte war er bestrebt, die alte Eifersucht Sachsens auf Preußen und die Furcht vor dessen Heeresmacht wachzurufen. Andeutungsweise sprach er in einer Unterredung mit Wackerbart-Salmour von den Gefahren, die Sachsen von seiten Preußens bedrohten. Wenn sich August dagegen dem Wiener Frieden anschlösse, würde der Kaiser ihm gern Subsidien zur Verstärkung seiner Truppen zahlen und ein Lager in Schlesien errichten, um Preußen einzuschüchtern. Weiter betonte Sinzendorf die Verkehrtheit der Karl VI. zugeschriebenen Absichten in Bezug auf die römische Königswahl. Er malte in rosigem Lichte alle die Vorteile aus, die August durch seinen Beitritt zum Wiener Frieden erhalten würde. Schließlich stellte er als wirksamsten Köder den Gewinn hin, den August von der Freundschaft des Kaisers haben könne, wenn er in Polen seinem Sohne die Thronfolge

---

1) Rosenlehner, S. 114/115.
2) K. Th. v. Heigel, Die Wittelsbachische Hausunion vom 15. Mai 1724. S -B. der philos.-philol. u. histor. Klasse der k. b. Akad. d. W. zu München. Jg. 1891. München 1892. S. 295.
3) Relation W.-S. d. d. München, 10. April 1726. (H. St. A. 3426. Vol. II.)
4) Rosenlehner, S. 134.

sichern wolle.[1]) Doch alle seine Erklärungen trugen in der Form, wie er sie vorbrachte, keinen bindenden Charakter; trotzdem hatten sie für die augusteische Politik viel Verlockendes. Wackerbart-Salmour konnte natürlich auf sie nichts Verpflichtendes äußern; er nahm die Versicherungen Sinzendorfs lediglich ad referendum auf.

Diese Episode vermochte aber nicht, den Beziehungen zwischen dem kaiserlichen und dem augusteischen Hofe eine neue Grundlage zu geben, auf der man hätte weiter verhandeln können. Es war fraglich, wieviel von den Verheißungen Sinzendorfs der kaiserlichen Politik und wieviel seiner persönlichen Initiative zuzuschreiben war. Außerdem waren sie derartig unbestimmt, daß die sächsische Politik an ihnen vorüberging, ohne sie weiter zu beachten.

Hand in Hand mit der Annäherung Bayerns an den Kaiser vollzog sich in München eine stetige Entfremdung zu Sachsen. Äußerlich fand diese ihren Ausdruck darin, daß die angekündigte Sendung des Grafen von Perousa[2]) als bayerischen Gesandten an den augusteischen Hof unterblieb. Als endlich Törring Mitte Mai 1726 Wackerbart-Salmour den Entschluß des Kurfürsten, dem Wiener Frieden beizutreten, mitteilte[3]), hatten Sachsen und Bayern bereits Sonderwege eingeschlagen.

§ 5.
Die Verhandlungen über einen Vertrag Augusts des Starken mit dem Kaiser.

Für August den Starken war der Umschwung in der bayerischen Politik von größter Tragweite. Der sächsische Hof stand nun völlig isoliert, ohne zu wissen, wo er einen Bundesgenossen suchen sollte, der eine gleiche Haltung außerhalb der europäischen Parteien einzunehmen bereit war; es war eingetreten, was sich schon seit einem Jahre allmählich vorbereitet hatte.

Durch den Übergang der Wittelsbacher ins kaiserliche Lager hatten sich die Bedingungen für einen Beitritt Augusts zur Wiener Allianz wesentlich verschlechtert. Der Kaiser konnte, wenn er der Wittelsbacher sicher war, die Freundschaft des wettinischen Kurfürstenkönigs entbehren.

Der natürlichste Ausweg in dieser schlimmen Lage wäre vielleicht ein rascher Beitritt Augusts zum Herrenhausener Bündnis ge-

---

1) Relation W.-S. d. d. München, 4. Mai 1726. S. dort Sinzendorfs Worte: „D'ailleurs il convient au Roy, votre maître, non seulement à cause des vues, qu'il pourroit former en Pologne au sujet du Prince, Royal, son Fils, mais auβi par rapport à la Saxe de continuer à marquer cette affection et cet attachement qu'il a toujours eu pour l'Empereur, et dont-il s'est bien trouvé." (H. St. A. 3426. Vol. II.)
2) Ebda.
3) Relation W.-S. d. d. München, 18. Mai 1726. (H. St. A. 3426. Vol. II.)

wesen. Zu einem so energischen Schritte konnte sich aber die sächsische Politik nicht aufraffen. Um überall Vorteile zu genießen, buhlte sie weiter um die Gunst beider Parteien. Der Erfolg davon war, daß August trotz aller Begehrlichkeit nicht den geringsten Nutzen aus der europäischen Lage zog, während alle übrigen deutschen Mittelstaaten sich durch ihre Parteinahme wenigstens einige Vorteile zu sichern wußten, und wenn diese auch nur in Versprechungen und Garantien von Anwartschaften oder in Subsidien bestanden.

Im Grunde war allerdings auch der sächsische Hof, wie wir mehrfach gesehen haben, nicht abgeneigt, vertragsmäßige Beziehungen einzugehen. Er war sogar bereit zu einem Bündnis mit dem Kaiser; aber dieses sollte keinen Anstoß bei der Liga von Hannover erregen, um nicht die Vermittlungspläne Augusts zu nichte zu machen. Diese beiden einander widerstrebenden, wenn nicht gar ausschließenden Ziele — Vermittlung und Bündnis — bemühte sich auch fernerhin die sächsische Politik eifrigst zu einem Ausgleich zu bringen, obwohl dieser unmöglich war.

In diesem Sinne ist auch die Instruktion für Fleury vom 11. Mai 1726[1]) zu verstehen. August zeigte sich zwar bereit, dem Kaiser entgegenzukommen. Er wollte aber dabei auf keinen Fall den eigenen Vorteil vergessen. Nach altgewohnter Sitte nahm er bei seinen Forderungen den Mund wieder etwas zu voll. Prahlerisch betonte er, Sachsen könne dem Kaiser im Reiche nützen; es sei eine Art Bollwerk gegen den preußischen Hof; doch hoffe er, diesen leicht der Liga von Hannover abspenstig zu machen. 15000 Mann Truppen stünden ihm zur Verfügung, gegen Geld könne er sie leicht um 12000 Mann zu einer Armee vermehren, die allein im stande sein würde, alle die in Schach zu halten, die im Reich unruhig werden würden. Er sei geneigt, mit dem Kaiser einen Sondervertrag zu schließen, aber nur mit ihm, nicht mit Spanien, da dieses zu entfernt sei, um Sachsen wirklich nützen zu können.

Fleury ward der Auftrag, in Wien zu erklären, August sei zu einem Sondervertrag über Überlassung von 12000 Mann bereit, wenn der Kaiser angebe, zu welchem Zweck er diese verwenden wolle. Ferner sollte er anfragen, wieviel Subsidien der Wiener Hof für deren Aushebung und Unterhaltung zu zahlen gedenke und dem Kaiser anheimstellen, ob er sie in klingender Münze entrichten oder lieber dafür als Äquivalent einen Teil Schlesiens an August verpfänden wolle. Kam ein derartiger Vertrag zustande, so glaubte August, würde sein Ansehen steigen und sein Vermittlungsprojekt günstigeren Boden finden.[2])

---

1) H. St. A. 2902. (Inst.)
2) Ebda.

Fleury wußte in Wien weder ein noch aus. Die neue Instruktion (vom 11. Mai) war ebenso unklar und zweideutig wie die gesamte augusteische Politik, daß selbst ein gewiegterer Diplomat wie Fleury mit ihr wenig hätte anfangen können. Fleury wußte nicht, ob sein königlicher Herr sich ernstlich dem Kaiser anschließen oder ob er noch länger in der Neutralität verharren wollte. Er wartete daher gemäss seinen früheren Instruktionen auf Eröffnungen von seiten des Kaisers. Da diese aber ausblieben und er sich seit dem Beginn seiner Mission am kaiserlichen Hofe äußerst unbehaglich fühlte, bat er bald nach dem Empfange der neuen Instruktion um Abberufung.[1])

Statt nun seiner Bitte zu willfahren und einen tüchtigeren Diplomaten nach Wien zu senden, gab August Fleury Erläuterungen zu der letzten Instruktion, die darin gipfelten, daß Fleury in erster Linie die Vermittlungspläne Augusts fördern, sich hierbei aber des Sondervertrags als Köder bedienen sollte, um dem Kaiser den Vermittlungsgedanken schmackhaft zu machen.[2])

Doch Fleury wußte auch nun noch nicht, was er eigentlich tun sollte. Die kaiserlichen Minister verlangten von ihm Vorschläge über ein Bündnis, während er aus Warschau den Befehl erhielt, den Neutralitäts- und Vermittlungsgedanken in erster Hinsicht im Auge zu behalten, hierbei aber als Mittel zum Zweck einen Sondervertrag zu empfehlen. Sollte er nun wirklich einen Sondervertrag vorschlagen oder nicht? Fleury las aus seinen Weisungen ein Ja, obwohl er persönlich den Zeitpunkt dazu nicht für günstig hielt.

Um der ganzen immer heikler werdenden Mission aus dem Wege zu gehen, bat er in seinem Bericht vom 22. Juni 1726 nochmals um Abberufung; er erklärte dabei, die politische Lage sei für August äußerst ungünstig, da Bayern und Köln ins kaiserliche Lager übergegangen seien und Frankreich im Begriffe stünde, sich Spanien zu nähern. Es würde daher der Vorschlag der Abtretung eines Teiles von Schlesien mit Stolz zurückgewiesen werden; wenn er ihn trotzdem machen würde, so geschähe dies nur aus reinem Gehorsam gegen Augusts Befehle.[3])

Statt nun abzuwarten, bis er eine Antwort auf seinen Bericht vom 22. Juni erhalten hatte, gab Fleury dem Drängen der kaiserlichen Minister nach. Er beging die Eigenmächtigkeit, dem Prinzen

---

1) Ebda.
2) August an Fleury. d. d. Warschau, 12. Juni 1726. (H. St.-A. 2902. Inst.)
3) Relation Fleurys. d. d. Wien, 22. Juni 1726. (H. St. A. 2902. Rel. Vol. I.) „Dans cette situation je ne doute pas, que la proposition d'un Engagement de quelque portion de la Silesie ne soit rejetté avec hauteur; j'avoue à V. M. que je ne le feray que par pure obeißance, connoißant combien les Ministres Imperiaux sont eloignés de ceder un ponce de terrain à qui que ce soit."

Eugen ein Memoire zu überreichen, in dem er — allerdings als seine eigenen Gedanken — eine Defensiv-Allianz zum Schutze des Reichs zwischen dem Kaiser und August vorschlug. Kursachsen sei bereit, gegen entsprechende Subsidien Österreich 12 000 Mann Hilfstruppen zur Verfügung zu stellen. Hierbei erwähnte Fleury unglücklicherweise, daß August auch geneigt sei, gegen Überlassung eines Teiles von Schlesien auf die Zahlung von Subsidien zu verzichten. An den Hauptvertrag sollten sich 4 Separat-Artikel anschließen, betreffend die Regelung der jülichschen, hanauschen, Stollberg-Schönburgischen und Naumburgischen Frage zu gunsten Kursachsens.[1)]

Die Wirkungen von Fleurys übereiltem Vorgehen zeigten sich sehr bald zum Schaden der sächsischen Politik.

Zunächst traf aus Warschau die Antwort auf Fleurys Bericht vom 22. Juni ein. August lehnte wiederum Fleurys Bitte um Abberufung ab; er gab aber einige weitere Aufklärungen und Ergänzungen über die Absichten seiner Politik. Dabei betonte er, daß der Punkt, betreffend Schlesien, erst im letzten Augenblicke, wenn die Verhandlungen über der Subsidienfrage ins Stocken geraten sollten, vorzubringen sei, um den Abschluß des Vertrages zu beschleunigen. Fleury solle ja nichts Schriftliches aus der Hand geben. Außer den früheren Forderungen solle er noch die Entschädigungsfrage aus dem Schwedenkriege vorbringen und vom Kaiser eine Zusicherung zu erlangen suchen, in der dieser sich verpflichtet, die Thronfolge des sächsischen Kurprinzen in Polen zu begünstigen. Diese Versicherung müsse aber geheim gehalten werden und dürfe in keinen Vertrag aufgenommen werden. August würde sich daher hierin mit einer bloßen brieflichen Zusicherung des Kaisers begnügen.[2)]

Diese Verhaltungsmaßregeln für Fleury kamen aber zu spät. Bereits vor ihrem Eintreffen in Wien war das Unglück geschehen. Fleury hatte sein Memoire mit dem plumpen Vorschlag der Abtretung eines Teiles von Schlesien überreicht.

---

1) Abschriften des Vertragsentwurfs bei der Relation Fleurys. d. d. Wien, 26. Juni 1726. (H. St. A. 2902. Vol. I. Rel.)

2) August an Fleury. d. d. Warschau, 6. Juli 1726. — „L'engagement d'un district de la Silesie pour cautionnement des subsides est une de ces propositions, que vous auriez pû reserver pour un expedient au cas que la difficulté de fournir les subsides eut arresté le cours de vostre negotiation, puis que vous l'auez faitte, vous n'aurez pas manqué de leur faire comprendre, qu'elle n'est entrée en ligne, que pour la propre conuenance de la Cour Imp^{le} . . . . . L'Empereur pourroit dans cette occasion me donner une marque aussy essentielle de sa bonne volonté en s'engageant envers moy de fauoriser le Prince Royal, mon fils, dans les affres de P^{ne}, le cas arrivant d'une nouvelle Election, et de n'employer ses offices pour aucun autre Candidat. Comme cette article demande un Extreme Secret pour en esperer quelque auantage, il me suffiroit que l'Empereur me donnat de telles assurances par une lettre de sa main, sans qu'il en fut fait mention dans aucune traitté dont les articles secrets s'eventent tost ou tard." (H. St. A. 2902 Vol. I. Rel.)

Kaum hatte der augusteische Hof hiervon Nachricht erhalten, so übersah er auch das ganze Unheil, das Fleury durch seine Eigenmächtigkeit angerichtet hatte. Er machte gute Miene zum bösen Spiele. Er konnte nun nicht mehr zurück und mußte mindestens eine Zeitlang mit dem Wiener Hofe weiter verhandeln, wenn seine Politik nicht allen Kredit verlieren sollte.

Um den Fehler Fleurys einigermaßen wieder gut zu machen, befahl August sofort, dem kaiserlichen Hofe mitzuteilen, das von seinem Bevollmächtigten überreichte Memoire enthalte nur dessen eigene Ideen, es sei daher nicht bindend für die sächsische Regierung.[1]) Doch was konnte dies an der Tatsache ändern?

Fleury hatte die augusteische Politik bloßgestellt. Seine Schritte hatten zur Folge, daß August, wenn er sich nicht völlig in Gegensatz zu Fleurys Memoire stellen wollte, dem Wiener Hof entgegenkommen und endlich positive Vorschläge machen mußte. Es war natürlich, daß er dabei lange nicht solche Forderungen stellen konnte, als wenn er vom Kaiser umworben worden wäre. Hätte er aber nichts auf Fleurys Eigenmächtigkeit erfolgen lassen, so wäre seine Lage noch heikler geworden. Er wäre in den Augen des kaiserlichen Hofes als Anhänger der Allianz von Hannover erschienen; dies hätte aber das Ende seiner Vermittlungspläne bedeutet. So war es doch für ihn am ratsamsten, mit dem Kaiser über die Abschließung eines Sondervertrags weiter zu beraten. Die Verhandlungen wurden wieder aufgenommen und es schien sich auf diese Weise ein Vertrag zwischen dem Kaiser und August vorzubereiten, der Kursachsen, ähnlich wie Bayern und Köln, Subsidien und vielleicht einige Vorteile im Reiche verschafft hätte.[2])

Fleurys Torheit war der kaiserlichen Politik sehr zu statten gekommen. Endlich war der Wiener Hof hinter die wahren Ziele der Politik Augusts des Starken gekommen. So sehr sich Fleury auch bemühte, das Memoire als sein eigenstes Geisteswerk hinzustellen, für den kaiserlichen Hof stand doch fest, daß August der Starke nach dem Besitz Schlesiens oder wenigstens von Teilen Schlesiens trachtete.

Entrüstet lehnte Sinzendorf von vorn herein jedes Eingehen auf die Frage, betreffend die Abtretung Schlesiens, ab, ebenso

---

1) August an Fleury. d. d. Warschau, 8. Juli 1726. August tadelt ziemlich scharf die Übergabe des Memoires, „qui embrasse tout ce qui a eté enjoint dans vos instructions". (H. St. A. 2902. Inst.)

2) Für die Aussicht auf das Zustandekommen eines derartigen Vertrags spricht auch die nicht abgegangene Weisung an Wratislaw d. d. Wien, 13. Juni 1726. (W. A.) Nach dieser wünscht der kaiserliche Hof, daß August „die schädlichen Neutralitätsgedanken von sich legete und sich endlich gegen Uns öffnete, daß Wir, wohin Seine gedanken, willen u. absicht eigentlich hin zihleten klärlich abnehmen könnten, wonach sich über die Accessions Conditiones, wann diese in einem und anderen gemäßigt würden, reden, handeln u. schließen lassen würde."

Stahrenberg; letzterer mit dem Bemerken, man habe auf demselben Wege schon traurige Erfahrungen mit Kursachsen gemacht und noch heute den Verlust der Lausitzen zu beklagen. Nur Prinz Eugen nahm Fleurys Vorschläge gelassen entgegen; er versprach, sie dem Kaiser zu unterbreiten. Dieser befahl am 6. Juli 1726 einen Gegenentwurf anzufertigen.[1])

Als Fleury am 6. Juli 1726 über die Aufnahme seines Memoires durch die kaiserlichen Minister Bericht erstattete, unterbreitete er seinem königlichen Herren zum dritten Male das Gesuch, an den Hof zurückkehren zu dürfen. Sobald er den kaiserlichen Gegenentwurf erhalte, wolle er diesen August persönlich überreichen und mit ihm dessen einzelne Punkte besprechen, da sein mangelhafter Stil seine wirklichen Absichten entstelle und leicht zu Mißverständnissen Anlaß gäbe.[2])

Wie willkommen dem kaiserlichen Hofe das Fleurysche Memoire trotz aller darüber geäußerten Entrüstung war, zeigte sich auf einem anderen Gebiete.

Fleury hatte im 1. Artikel seines Entwurfes vom Kaiser die Begünstigung der kursächsischen Ansprüche auf Jülich verlangt. Dies kam Sinzendorf bei seinen gleichzeitigen Verhandlungen mit dem kurpfälzischen Gesandten zu Wien, dem Freiherrn von Francken, sehr zu statten. Er drückte die Forderungen Karl Philipps für seinen Beitritt zum Wiener Frieden wesentlich herab, indem er Pfalz mit der von Sachsen verlangten Garantie der jülich-bergischen Lande angst machte.[3]) Fleury ließ er inzwischen auf den versprochenen kaiserlichen Gegenentwurf warten. Dessen Übergabe erfolgte erst am 2. August 1726.[4])

Da in ihm der sächsischen Vorschläge nicht mit einem Worte gedacht war, berichtete Fleury nicht ohne gewisse Befriedigung nach Warschau, man habe nun wieder vollkommen freies Feld und könne auf dieser Grundlage tun, was man für richtig halte.[5]) Er war froh, keine weiteren Folgen durch sein diplomatisches Ungeschick hervorgerufen zu haben.

Der kaiserliche Gegenentwurf ging von den Bestimmungen des Vertrags von 1719 aus. Er forderte einen Beitritt Augusts zum Wiener Frieden, also eine Defensivallianz, und zwar, wenn August es wolle, unter Auslassung des 12. Artikels. Der Kaiser

---

1) Rel. Fleurys. d. d. Wien, 6. Juli 1726. (H. St. A. 1902. Vol. I.)
2) Ebda.
3) Rosenlehner, S. 137.
4) Relation Fleurys. d. d. Wien, 3. August 1726. (H. St. A. 2902. Vol. I.) Ebenda ist der kaiserliche Entwurf beigelegt.
5) Ebda. „Il n'y est fait aucune mention de ces propositions, qui auoyent gendarmé ce ministere, et que ie n'auois lachees que pour reconnoistre leur ueritables dispositions. V. M^{té} a maintenant le champ libre de faire negocier sur ce nouveau caneuas de la maniere et par qui elle Le iugera a propos."

verzichtete damit auf eine erneute Garantie der pragmatischen Sanktion von seiten Augusts; er bestand aber auf der gegenseitigen Garantie der von beiden Fürsten besessenen Länder; die Vereinbarungen über die gegenseitige Hilfeleistung von 8000, beziehentlich 12000 Mann Hilfstruppen im Falle eines Angriffskrieges, sollten in einem besonderen Vertrage getroffen werden. Diese Truppen sollten casu foederis kaiserlicherseits in allen Erblanden Karls VI., sächsischerseits in den Kurlanden sowie in Polen verwendet werden dürfen. Ferner sollten beide Teile in Reichsangelegenheiten zusammen handeln und nichts für sich abschließen, August aber auf dem deutschen Reichstage seine Stimmen nach den Absichten des Kaisers richten zum allgemeinen Wohl des Reiches. Schließlich wollte sich der Kaiser bei der Zarin für einen Beitritt Augusts und Polens zu dem Bündnis verwenden, das er mit ihr abzuschließen, im Begriffe wäre. Im übrigen sollte es beiden Teilen freistehen, andere Bündnisse zu schließen, wenn sie dem geplanten nicht zuwider wären.

Dieser Entwurf, der einen Bund des Kaisers mit August auf ähnlichen Grundlagen wie mit den Wittelsbachern vorbereiten sollte, fand, wie sich erwarten ließ, in Warschau wenig Beifall, da August der Starke ja überhaupt nicht ernst an einen Anschluß an den Kaiser dachte.

Der augusteische Hof stieß sich gleich an dem am Anfang des kaiserlichen Entwurfs ausgesprochenen Hinweis auf den Vertrag von 1719. Interessenten und Zweck wären damals ganz anders gewesen. Die gegenseitige militärische Hilfeleistung wollte August auf den Fall beschränken, daß die in Deutschland gelegenen Erbländer eines von beiden Teilen angegriffen würden. Er schreckte vor der Gefahr zurück, seine Erblande von Truppen zu entblößen, um weitabliegende Gebiete des Kaisers in Italien und den Niederlanden oder Ungarn zu verteidigen. Ebenso sollte die gegenseitige Garantie, die die sächsische Politik zwar für überflüssig erklärte, die sie aber doch dem Kaiser zugestehen wollte, sich nur auf die im Reiche gelegenen Erbländer erstrecken. Was die Hilfstruppen endlich betraf, so empfand es die sächsische Politik unangenehm, daß der Kaiser nur in Kriegszeiten Subsidien für sie zu bewilligen gedachte. August verlangte Geld, mit dem er die Truppen ausheben und vor dem Kriege unterhalten konnte. Mit den übrigen, weniger wesentlichen Punkten erklärte er sich einverstanden, soweit sie nichts wider die Gesetze des Reichs forderten.[1])

Diese kurze Gegenüberstellung des kaiserlichen Vertragsentwurfes und der darauf erwiderten Forderungen des augusteischen Hofes lassen zur Genüge erkennen, daß ein Bündnis zwischen Karl VI. und August dem Starken unter diesen Umständen von vornherein unmöglich war.

---

1) August an Fleury, d. d. Warschau, 27. August 1726. (H. St. A. 2902. Inst.) Ebenda. Reponse au projet qu'auoit delivré la Cour de Vienne.

Wir haben hier zwei einander völlig entgegengesetzte Standpunkte. Der Kaiser wollte ein Bündnis mit August dem Starken, sowohl als König von Polen wie als Kurfürst von Sachsen, zur Behauptung des territorialen Besitzes beider. Es handelte sich dabei auf kaiserlicher Seite vor allem um die Sicherung der von Spanien erworbenen habsburgischen Länder in Italien und den Niederlanden und um die Behauptung Ungarns.

August brach dem kaiserlichen Entwurf die Spitzen ab, indem er dem Kaiser nur den Besitz der im Reiche gelegenen Erbländer garantieren wollte und nur zu deren Verteidigung Hilfstruppen zu stellen sich bereit erklärte; er wollte also nur dem Kaiser beistehen, wenn dieser im Zentrum seiner Monarchie angegriffen würde; damit versetzte er dem ganzen Entwurf den Todesstoß. Denn, wenn es soweit kam, daß der Kaiser in seinen deutschen Erblanden angegriffen wurde, dann konnte ihn Augusts Hilfe sicherlich nicht mehr vor dem Untergang bewahren; es war unter dieser Annahme wohl eher zu vermuten, daß sich August mit den Feinden des Kaisers verbünden würde, als daß er ihm half, seine deutschen Erblande zu verteidigen. Nehmen wir nach alledem das Positive aus der Antwort Augusts auf den kaiserlichen Entwurf, so kommen wir zu folgendem Ergebnis: Die sächsische Politik wollte einen bloßen Truppenlieferungsvertrag gegen Subsidien auch im Frieden zum Schutze der beiderseitig im Reiche gelegenen Erbländer. Weitere Verpflichtungen wollte sie nicht auf sich nehmen, um den Hannoverschen Alliierten nicht vor den Kopf zu stoßen, um ihre Neutralität zu wahren und ihre Vermittlungsgedanken zu fördern. Um für den Kaiser energisch Partei zu ergreifen, bot der kaiserliche Vertragsentwurf August viel zu wenig. Er vermißte noch immer eine Zusicherung des Kaisers zugunsten der Thronfolge des sächsischen Kurprinzen in Polen und eine Aufklärung über die etwaige Wahl eines neuen römischen Königs.

Doch wollte er diese Fragen nicht direkt zu einem Gegenstand der Verhandlungen machen. Als daher Wratislaw in Warschau den kaiserlichen Hof zu entschuldigen versuchte, weil er in seinem Entwurfe auf diese Punkte nicht eingegangen sei, befahl er Fleury, sie nur auf seinen ausdrücklichen Befehl vorzubringen.[1]) Doch wiederum kam Augusts Befehl zu spät. Fleury hatte bereits in Wien unvor-

---

1) August an Fleury, d. d. Warschau, 27. Aug. 1726. (H. St. A. 2902. Inst.) „En attendant, le Comte de Wratislau ayant eu communication du meme projet, que le comte de Sinzendorff vous a remis, et ayant en quelque façon taché d'excuser, qu'on n'y a fait aucune mention de la Royauté Romaine, ni de la succeßion de Mon fils, le Prince Royal en Pologne, Je souhaite que vous m'informiez, si et de quelle maniere vous avez insinuè quelque chose sur ces sujets? afin que je puiße aviser à ce que j'aurai à vous ordonner là deßùs. En tout ces matières etant trop delicates pour etre proposées à la Cour Imp^{le}, sur tout dans les conjunctures presentes. Mon intention est, que vous vous absteniez d'en faire mention sans ordre exprès."

sichtigerweise über diese Punkte mit den kaiserlichen Ministern gesprochen, die ihrerseits darauf Wratislaw entsprechende Mitteilung gemacht hatten.[1]

Der Wiener Hof war so durch die verschiedenen Fehltritte Fleurys völlig im Klaren über die Absichten der augusteischen Politik.[2] Augusts Forderungen waren zu hoch gespannt, so daß der Kaiser unmöglich auf sie eingehen konnte.[3] Jedes weitere Verhandeln war daher nutzlos.

Als Fleury die sächsische Antwort auf den kaiserlichen Gegenentwurf Anfang September endlich Sinzendorf überreichte, und diese einen bloßen Vertrag über gegenseitige Truppenlieferungen für entsprechende Subsidien an August vorschlug, erklärte der kaiserliche Minister, daß nach deren Inhalt August nicht die Absicht habe, sich mit dem Kaiser näher zu verbünden. Auf diese Punkte könne er ebensowenig eingehen, wie auf die Abtretung eines Teiles von Schlesien.[4] Ähnlich waren die Äußerungen des Prinzen Eugen

---

1) Relation Fleurys. d. d. Wien, 6. Sept. 1726. (H. St. A. 2902. Vol. I.) „Par l'insinuation que Mr. le comte Wratislau a faitte, je reconnois toujours plus que le but de quelques uns de ces ministres est de me tenir hors de porte icy d'approuvoir Leur ueûes, et leur manoeuures. J'avoue d'avoir representé, combien il conuenoit à l'Empereur de ne pas laisser penser qu'il uoulut employer ses offices pour quelqu'autre que pour M**r**., le Prince Royal, dans l'ocasion d'une nouvelle election en Pologne: mon dessein a esté de m'eclaircir par les reponses, si l'on m'auoit dit uray en m'asseûrant que le plan de cette cour estoit de s'interesser pour la maison de Lorraine.

C'est dans le meme dessein et dans une pareille ocasion que i'ay touché, comme en passant, a l'autre corde du Roy des Romains, en auancant, que, soit pour le choix d'un epoux pour une Archiduchesse; soit pour l'election dans le cas d'y deuoir songer aucune maison deuroit estre prefferee a celle de Saxe. Ce sont les propres termes, plus conuenables au dessein susdit, qu'a former un article du traitté que ie negociois."

2) Nach v. Arneth, Prinz Eugen. Bd. 3. S. 267 werden in einem Konferenzprotokoll vom 12. März 1726 bereits alle die sächsischen Forderungen und auch die Punkte betreffend die Thronfolge in Polen und die Wahl eines römischen Königs besprochen. Da Fleury erst am 3. März in Wien ankam, ist es unwahrscheinlich, daß durch ihn bereits alle die im Konferenzprotokoll erwähnten Forderungen zur Kenntnis des kaiserlichen Hofes gekommen sind. Auch finden sich darauf in den Berichten Fleurys keine Hinweise. Man kann daher vermuten, daß der kaiserliche Hof durch Gewinnung irgend welcher Beamten der sächsischen Gesandtschaft zu Wien oder des Dresdener Hofes Kenntnis von den Forderungen der sächsischen Politik erlangt hat. Über ähnliche Vorgänge werden wir später noch hören.

3) Die Behauptung Immichs, S. 262, daß August zum Kaiser hielt, weil er von ihm „eine Garantie für die Sukzession seines Sohnes erlangte", ist unrichtig. Der Kaiser hat nie eine feste Zusicherung zugunsten der Thronfolge des sächsischen Kurprinzen in Polen gegeben, obwohl er bisweilen mit darauf bezüglichen Andeutungen August zu gewinnen suchte.

4) Relation Fleurys. d. d. Wien, 11. Sept. 1726. (H. St. A. 2902. Vol. I.)

über die Vorschläge Augusts, nur geschahen sie in etwas milderer Form.¹)

Das plötzlich so schroffe Verhalten des kaiserlichen Hofes gegen August den Starken hatte seinen tieferen Grund darin, daß der Kaiser damals die Hilfe des sächsischen Kurfürstenkönigs entbehren konnte. Er hatte bereits die Mehrheit der Kurfürsten im Reiche, Spanien und Rußland unter den europäischen Mächten für sich gewonnen.²) Wozu brauchte er da noch Sachsen-Polen, zumal da sich auch Preußen ihm immer mehr näherte?

Diese ungemeine Verstärkung der kaiserlichen Partei rief in August allerhand Befürchtungen wach. Sachsen wie Polen waren überall von kaiserfreundlichen Mächten umklammert und im Kriegsfalle diesen rettungslos preisgegeben. Unter diesen Umständen zeigte August wieder mehr Neigung, sich mit dem Kaiser zu verständigen. Mannteuffel ließ daher durch Fleury Sinzendorf ein Schreiben vom 3. Oktober überreichen, in dem August seine Bereitwilligkeit zu einem Vertrage mit dem Kaiser ohne Spanien erklärte. Der Wiener Hof reagierte garnicht hierauf. Er stand im Begriff, mit Preußen abzuschließen.³) Als dies am 12. Oktober 1726 zu Wusterhausen geschah, befand sich Karl VI. auf dem Höhepunkte seiner Macht. Von da ab ruhten die Verhandlungen über ein Bündnis zwischen den Höfen von Wien und Dresden bez. Warschau. August stand endgültig völlig isoliert zwischen den europäischen Parteien. Er war zwar niemandem vertragsmäßig verpflichtet, doch ebensowenig hatte er irgendwo einen festen Rückhalt.

Nachdem sich so für längere Zeit die Gruppierung fast aller europäischen Staaten mit Ausnahme Sachsen-Polens zu zwei gewaltigen Parteien vollzogen hatte, drohte um die Wende der Jahre 1726 und 1727 ein allgemeiner Weltkrieg auszubrechen, bei dem die eine Staatengruppe die Überlegenheit zur See, die andere eine solche zu Lande besaß. So kriegerisch aber auch die Situation in Europa erscheinen mochte, im Grunde waren alle Mächte einem Kriege abhold, es fehlte auch tatsächlich an jedem triftigen Anlaß zum

---

1) Ebda. — „L'entretien que j'eûs mardy auec M. le Prince Eugene ne fust pas si diffus, il me dit simplement l'on uoit bien par les reponses qui nous sont uenues sur le projet, que le Roy ne ueut absolument point conuenir auec nous . ."

2) Am 6. August 1726 war Rußland dem Wiener Frieden beigetreten und hatte mit Karl VI. eine Defensivallianz abgeschlossen, am 16. August Kurpfalz, am 1. September Kurbayern und Kurköln. Kurtrier trat am 26. August 1726 nur dem Wiener Frieden bei, ohne eine besondere Defensivallianz abzuschließen. S. Bittner, S. 144 und 145. Nr. 765, 767, 769 und 768.

3) Relation Fleurys. d. d. Wien, 12. Okt. 1726. (H. St. A. 2902. Vol. I.) Ebda. Extrakt des Briefes von Mannteuffel an Sinzendorf vom 3. Okt. 1726.

Kriege.¹) So kam es, daß sich bald aller eine Friedensstimmung bemächtigte.

Diese blieb August nicht verborgen. Den verschobenen Verhältnissen Rechnung tragend, erwog daher im Frühjahr 1727 die augusteische Politik nochmals, ob sie auf den eingeschlagenen Bahnen weitergehen solle? Das Ergebnis der Beratungen²) war, daß sich August entschloß, seine Politik nicht zu verändern trotz der schlechten Erfahrungen, die er mit ihr gemacht hatte. Die mannigfaltigen Gegensätze in jeder von beiden Ligen schienen die Anzeichen einer neuen Gruppierung der Mächte zu werden. Für August konnte daher von einem Beitritt zu einer der beiden Ligen keine Rede mehr sein; für ihn kamen nach wie vor höchstens Sonderverträge mit einzelnen Großmächten, insbesondere mit dem Kaiser und England, in Frage. Da beide aber hierin August nicht genügend entgegen kamen, entschlossen sich die sächsischen Staatsmänner, auch weiterhin eine abwartende Haltung einzunehmen, in der Hoffnung, daß im Kriegsfalle alle Mächte sich um Augusts Bundesgenossenschaft bemühen und dafür reale Zugeständnisse machen würden.

---

1) Immich, S. 262/263.
2) Den Beratungen lagen zugrunde: „Quatres Questions proposées par Ordre du Roi, en Conseil, à Varsovie, le 11. Mars 1727. 1. Si les Instructions données à nos Ministres aux Cours de Vienne et de Londres peuvent encore avoir lieu? 2. Si nous voulons préferer un parti à l'autre, et lequel? 3. Comment nous prendre avec l'un et l'autre parti pour notre interet et notre seureté? 4. Sie nous pouvons encore nous concilier les deux partis, et comment?". — Hierüber sind Gutachten vorhanden von Flemming, Mannteuffel, Gaultier und Thioly; inhaltlich stimmen sie im wesentlichen überein. Am ausführlichsten ist Flemmings Gutachten vom 13. März; es hat denen der übrigen Staatsmänner zu grunde gelegen. Von ihm finden sich einige, auf die Stellung zur pragmatischen Sanktion bezügliche Zeilen in den Mitt. d. Inst. XVI. S. 285 abgedruckt. Aus allen Gutachten spricht eine starke Abneigung gegen den kaiserlichen Hof. In dem Flemmings heißt es: „J'ay un sensible deplaisir de ce que la bonne intention de V. Mté pour la Cour de Vienne, qui paroit manifestement par les Instructions que Votre Majesté a données au Marquis de Fleury et par l'aplication que ce Marquis en a faite, n'a pas eu un meilleur effet et que la declaration que Votre Majesté a fait faire à la Cour de Vienne n'a pas pu empecher, que cette Cour ne se soit tournée du côté de la Cour de Pruße, avec la quelle Elle est entrée en si grande confidence, que la Cour de Pruße ne manquera pas d'en profiter à nôtre prejudice, chose, comme Votre Majesté s'en souviendra, que son Ministere a soigneusement taché de detourner et a fait tout au monde, pour que ces deux Cours ne se raprochassent que par nôtre mediation, en quoy nous avions außi reußi parfaitement et conduit les deux Cours d'une maniere que le profit nous en est venu, et ce que d'un côté la Cour de Vienne nous en avoit de l'obligation, et que de l'autre la Cour de Pruße s'imaginoit, que nous pouvions faire à la Cour de Vienne ce que nous voulions. — Mais depuis un an et au dela les affaires ont bien changé malgré que nous avons fait tout nôtre poßible pour persuader la Cour de Vienne de notre bonne intention pour l'interest de Sa Majesté Imperiale." — Am bedeutendsten ist das Gutachten Mannteuffels vom 18. März 1726. (H. St. A. 3303.)

Blieb jedoch Friede, so rechneten die sächsischen Politiker, dann war es gut, wenn August keiner von beiden Ligen angehörte, zu beiden aber gute Beziehungen unterhielt, um zwischen ihnen vermitteln und dabei für sich noch einige Vorteile erhaschen zu können.

Mit diesen Grundsätzen war das alte Programm, das bisher noch keinen einzigen Erfolg gezeitigt hatte, erneut aufs Banner der augusteischen Politik geschrieben worden.

Dies würde einen Rückschritt bedeutet haben, wenn nicht die sächsische Politik, vielleicht gerade infolge der Mißerfolge seit dem Wiener Frieden, sich innerlich zu wandeln begonnen hätte. In ihr war die Richtung zum Siege gelangt, die bestrebt war, der bisher gleichsam in der Luft ohne Rückhalt schwebenden augusteischen Politik eine feste Grundlage in Gestalt eines schlagfertigen Heeres und eines gefüllten Staatsschatzes zu geben.[1])

August der Starke begann damals seine groß angelegte organisatorische Tätigkeit in Heer und Verwaltung, um seiner europäischen Politik mit eigenen Mitteln den nötigen Nachdruck zu verleihen, und um nach des Kaisers Tod das Ziel seines Lebens zu erreichen, die Begründung einer wettinischen Großmacht. Sachsen ward dadurch von Jahr zu Jahr ein immer beachtenswerterer Machtfaktor. Die Achtung Augusts in den Augen der europäischen Mächte stieg seitdem zusehends.

Frankreich und England bemühten sich, weil Preußen sich ihrer Führung entzogen hatte, eifriger als vordem, außer den Wittelsbachern auch August den Starken auf ihre Seite zu ziehen oder wenigstens von der Parteinahme für den Kaiser abzuhalten.

In Warschau arbeitete Frankreich einem Beitritt Augusts zu dem Bündnis zwischen dem Kaiser und Rußland entgegen. Es bestärkte die augusteische Politik in ihrem ablehnenden Verhalten zum Wiener Frieden und zur pragmatischen Sanktion. Zur Beseitigung des Mißtrauens Augusts gegen Frankreichs Bemühungen, Stanislas Leszczynski wieder auf den polnischen Thron zu erheben, wurde der Abbé Livry nach Warschau entsandt. Seine Mission war doppelter Natur. Er hatte die heikle Aufgabe, Propaganda für die Thronbesteigung Stanislas Leszczynskis nach Augusts Tod zu

---

1) Manteuffel war es vor allem, der August auf diese Bahnen lenkte. In seinem Gutachten vom 18. März 1726 schließt er mit den Worten: „Mais ce que contribuera, à mon avis, plus que tout le reste, si non a nous concilier les deux partis, au moins à nous attirer leur consideration, à nous faire d'autant plus rechercher, et à nous mettre à l'abri de leurs insultes, c'est de joindre à la sagesse de la conduite, que le Roy a tenue jusqu'icy la continuation des soins que Sa Majesté a commencé de prendre pour mettre son armée en etat d'agir. Salvo judicio rectius sententiam" (H. St. A. 3303.)

machen, gleichzeitig aber auch August für die Alliierten von Hannover zu gewinnen.¹)

Doch mehr als in Warschau setzten die Bemühungen Frankreichs und Englands, August und die anderen deutschen Fürsten auf ihre Seite zu ziehen, in Regensburg ein, dem Zentrum aller antihabsburgischen Agitation der auswärtigen Mächte. Dort bot sich die Gelegenheit, gleichzeitig mit allen deutschen Fürsten zu verhandeln. Die englischen und französischen Gesandten daselbst, St. Saphorin und v. Chavigni, machten von ihr reichlich Gebrauch.

Sie hatten auch mehrere Unterredungen mit dem dortigen kursächsischen Gesandten, Johann Friedrich von Schönberg.²) St. Saphorin überschüttete Schönberg mit Lobsprüchen auf die sächsische Politik. Er betonte die Ansprüche der josephinischen Töchter, die diesen gelegentlich der Abtretung Spaniens an Karl gewährt worden seien, auch wenn Karl männliche Nachkommen hinterließe; diese seien natürlich noch viel größer, wenn Karl nur Töchter hinterlassen würde und erstreckten sich wahrscheinlich auf den größten Teil der im Reiche gelegenen Erbländer. Sachsen würde um diese gebracht, wenn es Spanien gelänge, Don Carlos und Don Philipp mit den kaiserlichen Prinzessinnen zu vermählen. Man müsse der Vereinigung Spaniens und Österreichs beizeiten entgegenarbeiten. Sachsen solle sich mit Bayern verbünden und sich mit ihm vergleichen, wenn auch bisweilen die Interessen beider einander entgegentreten würden. Bayern bereue bereits seinen übereilten Beitritt zur Wiener Allianz.³)

Als darauf Ende April 1727 St. Saphorin nach München reiste, um Bayern dem Kaiser abspenstig zu machen, versuchte er auch Wackerbart-Salmour möglichst für einen Anschluß Augusts an England und Frankreich zu gewinnen. Er stellte die sächsischen Ansprüche auf die österreichische Monarchie als gerechtfertigt hin und suchte gleichzeitig bei August Furcht zu erwecken vor den an-

---

1) L. Farges, Recueil des Instructions.... Pologne. Tome I. Paris 1888. XXV. L'Abbé de Livry. S. 300. S. auch A. Boyé, Stanislas Leszczynski et le troisieme traité de Vienne. Paris 1898. S. 89.
2) S. Näheres bei Sahrer v. Sahr. S. 211. Anm. 244.
3) (Bericht Schönbergs an den König. d. d. Regensburg, 24. April 1727. (Kopie H. St. A. 2872.) Danach soll St. Saphorin u. a. gesagt haben: „La Cour de Baviere fait pourtant fort mal, de ne pas mieux s'entendre avec celle de Saxe, parce que si la première veut agir seule, elle en sera toujours la dupe, et manquera tant de bons conseils que de forces. Car quoique les interets des deux Sereniβimes soeurs memes semblent s'entrechoquer en quelque façon, il sera pourtant un jour facile à leurs Amis communs de les concilier, après qu'elles se seront suffisamment precautionnées contre la Cour de Vienne, qui a presentement des vues pernicieuses et à la Baviere et à la Saxe. Enfin la Cour de Baviere a fait un tres faux pas par son Alliance précipitée avec l'Empereur, comme außy Elle s'en repent deja; mais il faut tomber d'accord et avouer de bonne foi, que rien n'est plus Sage et plus politique que la Conduite que la Cour de Saxe tient dans la Conjoncture presente."

geblichen Bemühungen des Kaisers, dem Prinzen von Lothringen die polnische Krone zu verschaffen. Letzterer sollte auf diese Weise einigermaßen für die, Don Carlos versprochene Hand der ältesten josephinischen Tochter entschädigt werden.[1)]

Es kam aber zu keinen weiteren Verhandlungen, weil im Mai 1727 die europäischen Mächte zu Paris Friedenspräliminarien abschlossen, welche die Schlichtung der bestehenden Differenzen einem Kongresse übertrugen.[2)] Dieser sollte in Soissons stattfinden.[3)]

Es war damit in Europa allseitig eine Ruhepause eingetreten. Die diplomatischen Verhandlungen gerieten ins Stocken. Überall rüstete man sich zu dem kommenden Kongresse, dem alle Mächte mit Spannung entgegen sahen. Die Parteien hielten sich ungefähr die Wage, da auf kaiserlicher Seite eine Reaktion eingetreten war. Preußen hatte den Vertrag von Wusterhausen nicht ratifiziert. Seine Haltung war daher unsicher. Ebenso durfte der Kaiser wenig auf die Wittelsbacher rechnen, da diese bereits mit ihrem alten Bundesgenossen Frankreich wieder angeknüpft hatten.

Unter diesen veränderten Verhältnissen setzten die Bemühungen des Wieners Hofes, August auf seine Seite zu ziehen, erneut ein. Als im Juli 1727 Seckendorff zu Leipzig mit Flemming Unterredungen hatte, betonte er die Geneigtheit des Kaisers, August dieselben Vorteile für seine Bundesgenossenschaft zu gewähren wie den übrigen Fürsten des Reichs. Doch müsse Sachsen sich auf andere Prinzipien stellen, als sie Fleury in Wien vertreten habe; dabei spielte Seckendorff auf das Heiratsprojekt Augusts an. Flemming erwiderte ihm darauf, dies sei kein Hauptpunkt in Fleurys Instruktion gewesen; August habe die Absicht, dem Wiener Frieden beizutreten, nur wolle er dessen Ziel wissen und die nötigen Sicherheiten und Vorteile dabei finden. Gern würde er dann Feder wie Degen dem Kaiser zur Verfügung stellen. Im übrigen aber verhielt sich Flemming völlig rezeptiv; er begnügte sich, um einen Druck auf den Wiener Hof auszuüben, mit einigen Andeutungen von vorteilhaften Anerbietungen Englands für Augusts Freundschaft

---

1) Rel. W. S. d. d. München, 30. April 1727. Ajouté III. (H. St. A. 3426. Vol. 4.) — Ebenda ist auch von dem sächsischen Heiratsprojekt die Rede, dessen Aussichtslosigkeit St. Saphorin betonte, um August dem Kaiser immer mehr zu entfremden. Nach den Mitteilungen des englischen Gesandten soll Maria Josepha einen Brief an ihre Mutter, die Kaiserinwittwe Amalia, geschrieben haben, in der sie dem Kaiser vorschlägt, seine Töchter mit ihren Söhnen zu verheiraten; dadurch würde die Frage der pragmatischen Sanktion überflüssig und die Ruhe Europas gewahrt werden. Der Kaiser solle dazu gesagt haben: „Was noch nicht geschehen wäre, könnte sich in der Folge noch machen lassen"; seine Meinung sei aber völlig anders, er denke nicht daran, seine Töchter mit sächsischen Prinzen zu verheiraten. — Da der Brief apokrypher Natur zu sein schien, ging W. S. auf ihn nicht näher ein.
2) Bittner, S. 146. Nr. 776.
3) Immich, S. 263/264.

und dem Rat, sich mit Sachsen und Bayern ins Einvernehmen zu setzen; dann brauche der Kaiser keine Garantie anderer Mächte für seine Erbfolgeordnung.[1])

Die Bemühungen Seckendorffs, die mehr privater Natur waren, hatten keine unmittelbaren Folgen. Die Beziehungen zwischen dem kaiserlichen und dem augusteischen Hofe blieben nach wie vor ziemlich kühl. Als daher im August 1727 Fleury aus Wien abberufen wurde und überhaupt nicht wieder dorthin zurückkehrte, hatte dies keine weiteren Folgen.[2]) Die Freundschaft des Kurhauses Wettin mit dem kaiserlichen Hofe wurde ja schon längst nur noch äußerlich aufrecht erhalten.

---

1) Bericht über die Verhandlungen Seckendorffs mit Flemming. d. d. Dresden, 28. Juli 1727. (H. St. A. 2902. Vol. II.) Dieser wurde der Konferenz am 30. Juli vorgelegt samt dem Entwurfe einer Antwort von Flemming. Alle diese Schriftstücke wollte die sächsische Regierung, wenn sie von Wratislaw, dem offiziellen kaiserlichen Gesandten gebilligt wären, dem Grafen von Wurmbrand zur Beförderung nach Wien überreichen. Wurmbrand hielt sich damals in Dresden auf zur Erledigung einiger Reichsangelegenheiten. Er verhandelte mit den Geh. Räten von Seebach und von Zech. (H. St. A. 3419.)

2) Ein Handschreiben Augusts, d. d. Dresden, 8. Aug. 1727. (H. St. A. 2902.) rief Fleury auf unbestimmte Zeit ab; die offizielle Abberufung erfolgte erst am 18. Mai 1728, nachdem Fleury bereits über 6 Monate Wien verlassen hatte. — Fleury kam Mitte September in Dresden mit einem Empfehlungsschreiben der Kaiserinwittwe an, mit der Fleury aus früherer Zeit bekannt war, und die ihm auch in Wien trotz seiner Fehltritte ein Rückhalt gewesen war. Als Fleury in Dresden ankam, verfaßte Flemming sogleich eine Beschwerdeschrift über ihn, in der er Fleurys Unfähigkeit den Rückgang des sächsischen Einflusses am kaiserlichen Hofe zusprach und sich beklagte, daß Fleury, obwohl er seit 4 Tagen anwesend sei, den anderen Ministern noch nichts über seine Negoziation mitgeteilt noch eine Schlußrelation erteilt habe. Fleury entschuldigte sich damit, seine Papiere seien noch nicht in Ordnung und antwortete auf Flemmings Anklage in einer Gegenschrift vom 23. Sept.; es gelang ihm schließlich, sich gegen Flemming, dem er von jeher ein Dorn im Auge war, zu behaupten, doch wohl weniger durch eigene Tüchtigkeit als vielmehr durch das Bestreben Augusts, Flemming nicht allmächtig werden zu lassen. (H. St. A 2902. Vol. II.)